Kohlhammer

Lindauer Beiträge zur Psychotherapie und Psychosomatik
Herausgegeben von Michael Ermann

U. T. Egle/B. Zentgraf: Psychosomatische Schmerztherapie (2014)
M. Ermann: Herz und Seele (2005)
M. Ermann: Träume und Träumen (2005/2014)
M. Ermann: Freud und die Psychoanalyse (2008/2015)
M. Ermann: Psychoanalyse in den Jahren nach Freud (2009/2012)
M. Ermann: Psychoanalyse heute (2010/2012)
M. Ermann: Angst und Angststörungen (2012)
M. Ermann: Der Andere in der Psychoanalyse (2014)
U. Gast/P. Wabnitz: Dissoziative Störungen erkennen und behandeln (2014)
R. Gross: Der Psychotherapeut im Film (2012)
O. F. Kernberg: Hass, Wut, Gewalt und Narzissmus (2012)
J. Körner: Abwehr und Persönlichkeit (2013)
J. Körner: Die Deutung in der Psychoanalyse (2015)
R. Kreische: Paarbeziehungen und Paartherapie (2012)
W. Machleidt: Migration, Kultur und psychische Gesundheit (2013)
L. Reddemann: Kontexte von Achtsamkeit in der Psychotherapie (2011)
A. Riehl-Emde: Wenn alte Liebe doch mal rostet (2014)
C. Stadler: Traum und Märchen (2015)
U. Streeck: Gestik und die therapeutische Beziehung (2009)
R. T. Vogel: Das Dunkle im Menschen (2015)
R. T. Vogel: Existenzielle Themen in der Psychotherapie (2013)
L. Wurmser: Scham und der böse Blick (2011/2014)
H. Znoj: Trauer und Trauerbewältigung (2012)

Christian Stadler

Traum und Märchen

Handlungsorientierte Psychotherapie

Verlag W. Kohlhammer

Dieses Werk einschließlich aller seiner Teile ist urheberrechtlich geschützt. Jede Verwendung außerhalb der engen Grenzen des Urheberrechts ist ohne Zustimmung des Verlags unzulässig und strafbar. Das gilt insbesondere für Vervielfältigungen, Übersetzungen, Mikroverfilmungen und für die Einspeicherung und Verarbeitung in elektronischen Systemen.

Dieses Buch stellt eine grundlegend überarbeitete und erweiterte Fassung der Vorlesungen dar, die der Autor zum gleichen Thema im Rahmen der Lindauer Psychotherapiewochen 2014 gehalten hat. Unter www.auditorium-netzwerk.de ist eine Übersicht aller Aufnahmen der Lindauer Psychotherapiewochen einzusehen, die unter info@auditorium-netzwerk.de angefordert werden kann.

Es konnten nicht alle Rechtsinhaber von Abbildungen ermittelt werden. Sollte dem Verlag gegenüber der Nachweis der Rechtsinhaberschaft geführt werden, wird das branchenübliche Honorar nachträglich gezahlt.

1. Auflage 2015

Alle Rechte vorbehalten
© W. Kohlhammer GmbH, Stuttgart
Gesamtherstellung: W. Kohlhammer GmbH, Stuttgart

Print:
ISBN 978-3-17-023064-4

E-Book-Formate:
pdf: ISBN 978-3-17-026787-9
epub: ISBN 978-3-17-026788-6
mobi: ISBN 978-3-17-026789-3

Für den Inhalt abgedruckter oder verlinkter Websites ist ausschließlich der jeweilige Betreiber verantwortlich. Die W. Kohlhammer GmbH hat keinen Einfluss auf die verknüpften Seiten und übernimmt hierfür keinerlei Haftung.

»*Die Realität ist für diejenigen,
die ihre Träume nicht aushalten*«
(Themenplakat des Residenztheaters München)

»*Träume und Wünsche sind unsterblich*«
Auguste Rodin

Für Simon und Hannah

Inhalt

Vorwort 9

1. Vorlesung
Szene und Handlung in der Einzel- und Gruppentherapie 11

Psychodrama verbindet Szene und Handlung 11
Therapie *in* der Gruppe, *mit* der Gruppe und eine
Therapie *der* Gruppe 20
Handlung in der Einzeltherapie 22

2. Vorlesung
Der Traum 25

Woher kommen die Träume? 25
Modelle des Traums 27
    Psychodynamisches Verständnis 28
    Die Traumdeutung als Dechiffrierung 31
    C. G. Jungs Traummodell 33
    Der Traum auf Objekt- und Subjektstufe 35

3. Vorlesung
Erleben des Traumes 42

Erste Schritte der handlungsorientierten Traumdeutung 43
    Der kollegiale Dialog 44
Der nachgespielte Traum in der handlungsorientierten
Psychotherapie 45
    Traum im Psychodrama 45
    Der Traum in der Gruppe auf Subjekt- und Objektstufe 49

Inhalt

Traumaufstellung 62
Der Traum im psychodramatischen Einzelsetting 63
Der Traum im Playback-Theater 75
Der weitergeführte Traum 79
   Umgang mit Traumfragmenten 83
Varianten der psychodramatischen Traumarbeit 86
Der Tagtraum 88
Die Gruppenimagination 92

4. Vorlesung
Das Märchen 96

Der Einsatz des Märchens in der Psychotherapie 97
Einsatz von Märchenfiguren und kurzen Märchenszenen im
Psychodrama 99
   Begegnung in Märchenrollen 99
   »Du bist wie ...«: Die Märchenzuschreibung 100
   Mit Märchenfiguren im Einzelsetting 101
   Märchenspiel im psychodramatischen Gruppensetting 103
Variationen des Märchenspieles 121
   Märchen verändern 122
   Märchen im Spiegel 122
   Märchenhandlungen weiterführen 122
   Die Antirolle im Märchen 122
   Märchenspiel im Einzelsetting und Monodrama 123
   Bewältigungsmärchen 124
   Gruppenmärchen 129
   Szene, Handlung und Bild 129

Fort- und Weiterbildungsangebote 131

Bildnachweis 132

Literatur 133

Stichwortverzeichnis 139

Personenverzeichnis 141

Vorwort

Das Buch stellt einen ersten Überblick zum Thema Traum und Märchen in der handlungsorientierten Psychotherapie dar. Es bezieht sich auf Einführungsveranstaltungen, die ich während der Lindauer Psychotherapiewochen gehalten habe. Mein therapeutischer Hintergrund ist die psychodynamische Psychotherapie und das Psychodrama. Im vorliegenden Band wird vor allem das Psychodrama zu Wort kommen, da es den Aspekt der Handlung wie kein zweites Psychotherapieverfahren in den Vordergrund stellt. Gleichwohl wird beim Lesen deutlich werden, dass die psychodynamische Psychotherapie beim Umgang mit Träumen und Märchen nicht außen vor bleiben kann.

Das Umgehen mit Träumen hat in der Tradition der Psychologie und besonders der Psychotherapie eine lange Geschichte, von hermeneutisch-deutendem Verstehen und Analysieren bis hin zur Verneinung jeglichen verstehbaren Inhalts, von objekt- sowie subjektstufiger Lesart bis zu den luziden Träumen.

Auf der Grundlage psychodynamischer Theorie überlässt der szenisch-handelnde Zugang des Psychodramas das Verstehen der Traumbotschaft allein dem Träumer. Dies geschieht durch die Inszenierung eines »zweiten Träumens«. Die Traumbotschaft entschlüsselt sich damit im nachspielenden Handeln bzw. im Weiterspielen des Traums oder eines Traumfragments.

Das Märchen hat sich in der Psychotherapie nicht in gleichem Ausmaß durchsetzen können wie der Traum, kann aber ebenso einen wichtigen Schlüssel zum Verständnis innerer Rollen, unbewusster Konflikte und anstehender Lebensaufgaben darstellen.

Besonders der Einsatz im gruppentherapeutischen Setting bietet eine Fülle an Möglichkeiten, Märchen therapeutisch zu nutzen. Angefangen vom reinen szenischen Nachspiel des Märchens mit einer strukturierten Nachbesprechung, die Bezüge zum Alltagsleben herstellt, über das Spiel verschiedener Märchenvarianten bis hin zum eigenständigen Verfassen von Bewältigungs- und Gruppenmärchen reicht das Spektrum, wie sich Patienten handlungsorientiert und spielerisch dem eigenen und dem gemeinsamen Unbewussten nähern können.

Das szenische und handlungsorientierte Vorgehen lässt sich sehr gut mit Narrativen, Imaginationen und Tagträumen oder mit einem kunsttherapeutischem Vorgehen kombinieren.

In diesem Band beschreibe ich konkrete Vorgehensweisen und erläutere sie an Fallbeispielen, so dass sie für die Leserinnen und Leser leicht in die eigene Praxis umsetzbar sind.

Im Text wurde aus Gründen flüssigerer Lesbarkeit meist die männliche Schreibform gewählt. Selbstverständlich schließt dies die weibliche Form ein.

Der Autor dankt an dieser Stelle besonders den Patientinnen und Patienten, sowie den Weiterbildungskandidatinnen und -kandidaten. Sie sind die wesentlichen aktiven und passiven Ideengeber für diesen Band. Daneben sind sowohl der kollegiale Austauch als auch die gegenseitige Anregung durch (nicht nur Psychodrama-)Kolleginnen und Kollegen für mich wichtig gewesen bei der Entstehung dieses Bandes. Ideen entstehen nicht in einem einzelnen Kopf, sondern nur in gemeinsamen geistigen Systemen und sozialen Netzwerken. Ohne die Verbindung zu meinen Freundinnen und Freunden sowie meiner Familie könnte ich solche Projekte nicht realisieren. Allen sei an dieser Stelle herzlich gedankt.

München, im Januar 2015 *Christian Stadler*

1. Vorlesung
Szene und Handlung in der Einzel- und Gruppentherapie

Psychodrama verbindet Szene und Handlung

Traum und Märchen in der handlungsorientierten Psychotherapie erfordert zunächst ein paar Worte zur Handlungsorientierung in der Psychotherapie. Lange Zeit galt Handeln vor allem in den psychodynamischen Verfahren als therapeutisch nicht hilfreich, im ungünstigen Fall als schädliches »Agieren« statt dem hilfreichen Durcharbeiten. In einigen humanistischen Psychotherapieformen wie dem Psychodrama, der Gestalttherapie und Verfahren der Körpertherapie wurde die konkrete Handlung dagegen auch im therapeutischen Kontext als sinnvoll oder sogar notwendig erachtet. So konstatierte Moreno[1] (2008, 77), der Gründervater des Psychodramas – oder in der ursprünglichen Langform der triadischen Methode Psychodrama, Soziometrie, Gruppenpsychotherapie: »Psychodrama kann als diejenige Methode bezeichnet werden, welche die Wahrheit der Seele durch Handeln ergründet«. Psychodrama, wörtlich übersetzt die handelnde Darstellung seelischen Erlebens, sieht also vor, dass neben dem Sprechen gehandelt wird, um die Psychodynamik einer Person einerseits besser zu verstehen, andererseits nachhaltiger zu verändern.

Moreno wurde in eine Zeit hineingeboren, in der Psychologie und Psychotherapie in den Kinderschuhen steckten, und konnte so mit seinen Ideen maßgeblich an der Entwicklung letzterer mitwirken. Als Arzt

---

1 Moreno JL (2008), S. 77

1. Vorlesung: Szene und Handlung in der Einzel- und Gruppentherapie

Abb. 1: Jakob Levy Moreno (1889–1974)[2]

verstand er sich als Sozialmediziner, Psychiater, Einzel- und Gruppenpsychotherapeut sowie als Forscher. Er war ein Mann vieler Ideen, der aufgrund seiner Persönlichkeit auch andere mit diesen anstecken konnte. Obwohl er sich unzweifelhaft viele Verdienste bei der Professionalisierung psychotherapeutischen Handelns erworben hat (z. B. Gründer der Gruppenpsychotherapie und Gründer soziometrischer Forschungsansätze), gelang es ihm nicht, seine Ideen so stringent vorzutragen wie z. B. Freud, von dem er sich gern in rivalisierender Form abgrenzte.

---

2 links: aus Scherr (2013) in: Wieser und Stadler S. 101; rechts: aus Scherr (2013) in Wieser und Stadler S. 102

Tab. 1: Jakob Levy Morenos Lebenslauf

18. Mai 1889	Geburt Jakob Levy Morenos in Bukarest
1894	Umzug der Familie nach Wien
1909–1917	Studium der Medizin, Psychologie, Philosophie in Wien; ab 1914 erste expressionistische Schriften
ab 1918	Herausgeberschaft verschiedener Zeitschriften und zahlreiche Veröffentlichungen
1921–1925	Gründung des Stegreiftheaters in der Maysedergasse 2 in Wien
1924	Die Zeitschrift »Das Stegreiftheater« erscheint.
1925	Emigration nach New York
1931	Moreno präsentiert die Gruppenpsychotherapie vor der American Psychiatric Association (APA); Beginn zahlreicher Forschungsprojekte (Soziometrie).
1936	Eröffnung des Beacon Hill Sanatoriums (NY), Gründung eines Fachverlages und der Zeitschrift »Sociometric Review«
1946	Das psychodramatische Grundlagenwerk »Psychodrama I« erscheint.
1951	Gründung des Internationalen Komitees für Gruppenpsychotherapie in Paris
1959	»Psychodrama II« erscheint; Ehrendoktorat der medizinischen Fakultät Wien.
1968	Ehrendoktorat der medizinischen Fakultät Barcelona
1969	»Psychodrama III« erscheint.
14. Mai 1974	Tod Morenos in Beacon (NY)

Humanistische Psychotherapie zeichnet sich nach Kriz[3] dadurch aus, dass es »um die Förderung von Selbstregulations- und Organisations

---

3 Kriz J (2011) »Humanistische Psychotherapie« als Verfahren. Ein Plädoyer für die Übernahme eines einheitlichen Begriffs. Psychotherapeutenjournal 10 (4), S. 335

1. Vorlesung: Szene und Handlung in der Einzel- und Gruppentherapie

prozessen auf körperlichen, psychischen und sozialen Prozessebenen« gehe, [...] die auf diese Weise wieder an die jeweiligen Entwicklungsaufgaben der biopsychosozialen Umwelt re-adaptierbar werden; wobei aber der zentrale Fokus die Sinnorientierung, Selbstdefinition und Intentionalität des Subjekts ist.«

Die von Moreno entwickelte Psychodrama-Therapie ist in diesem Sinn ein humanistisches Psychotherapieverfahren, welches durch eine handelnde und szenische, dabei subjektiv organisierte Darstellung innerpsychischen Erlebens einer oder mehrerer Personen deren Selbststeuerungs- und Selbstheilungskräfte aktiviert. Dabei werden soziale wie ökologische Bedingungen einbezogen. Das Ziel ist, in einer dargestellten oder gespielten Hier-und-Jetzt-Situation (*Surplus-Realität*), die eigenen innerpsychischen wie interaktionellen Prozesse erlebend zu verstehen (*Mentalisierung*) sowie gegebenenfalls zu verändern[4].

Wollte man die Kernpunkte des Psychodramas auf einige knappe Punkte reduzieren, könnte es in Ergänzung zu obiger Definition so beschrieben werden:

- Im Psychodrama werden seelische Sachverhalte handelnd gezeigt und es wird über sie gesprochen; Psychodrama ist Mentalisieren.
- Psychodrama fokussiert durch Spiel und Handlung die Kreativität der Person und fördert damit deren Selbstheilungskräfte.
- Im Psychodrama werden Innenwelten auf einer »Bühne« in Szene gesetzt, bearbeitet und verändert.
- Im Psychodrama wird der Mensch in seinen verschiedenen Rollen und in seinem sozialen Umfeld gesehen.
- In authentischen, psychodramatischen Hier-und-Jetzt-Begegnungen mit anderen Menschen (Mitspieler, Therapeut, Gruppe) entsteht ein »wahres zweites Mal« bzw. ein »neues erstes Mal« einer Situation.
- Die psychodramatische, szenische Handlung hilft dem Patienten dabei, sein Leben authentisch, symptomfrei und situationsadäquat zu gestalten.

---

4 Stadler C, Kern S (2010) Psychodrama. Eine Einführung. VS, Wiesbaden, S. 13; Bender W, Stadler C (2012) Psychodrama-Therapie. Grundlagen, Methodik und Anwendungsgebiete. Schattauer, Stuttgart, S. 6; Stadler C (2014) Psychodrama. ERV, München.

Krüger sieht das Psychodrama als erlebnisorientiertes Verfahren, welches neben Handlung und Szene die Förderung der Kreativität oder Selbstheilungskräfte als Markenzeichen aufweist: »Das Psychodrama geht aus von einem positiven Menschenbild, dem Bild des kreativen Menschen. Kreativsein ist eine zentrale Fähigkeit lebendiger Systeme. Der kreative Prozess verbindet die funktionellen, körperlichen, energetischen und interaktionellen Aktivitäten miteinander untrennbar und integriert sie. Kreativität ist Ausdruck des Lebens, mehr oder weniger in jeder Lebenssituation vorhanden und wird in Konflikten oder inneren Konfliktspannungen als Bedürfnis spürbar und als Fähigkeit aktiviert. Kreativität ist die Grundlage angemessenen Selbstausdrucks und angemessener Anpassung in der Welt. Sie ist jedem Menschen eigen, kann aber beim Einzelnen verschieden ausgeprägt sein. Sie kann in ihrer Arbeit blockiert und dadurch gebunden sein oder aber auch frei sein.«[5]

Das Psychodrama unterscheidet sich hierin am stärksten von anderen Verfahren und Methoden, die hauptsächlich auf die sprachliche Bearbeitung psychischer Fragestellungen zurückgreifen.

Abb. 2: Moreno (links) arbeitet mit einem Paar. Die kreisrunde Psychodramabühne Beacons ist erkennbar[6]

---

5 Krüger RT (2002) Wie wirkt Psychodrama? Der kreative Prozess als übergeordnetes theoretisches Konzept des Psychodramas. Zeitschrift für Psychodrama und Soziometrie 1 (2), S. 275
6 Blatner (2013): http://www.blatner.com/adam/pdirec/hist/morenos.htm

1. Vorlesung: Szene und Handlung in der Einzel- und Gruppentherapie

In der schlagwortartigen Zusammenfassung oben wurden bereits einige Gesichtspunkte benannt, auf die anhand eines konkreten Beispiels an dieser Stelle noch einmal eingegangen werden soll.

Fallbeispiel: Szene und Handlung in einer psychodramatischen Gruppentherapiesitzung
Frau Kant (31 Jahre alt; verheiratet) arbeitet bei einem großen Reiseveranstalter. Sie nimmt seit einem halben Jahr an der Psychodramatherapiegruppe teil, da sie unter depressiven Stimmungseinbrüchen leidet. Bei den ersten Sitzungen hatte sie erzählt, dass sie nach einem heftigen Konflikt mit ihrem Vater zu diesem ein sehr schwieriges Verhältnis habe. Darunter leide sie sehr, habe aber das Gefühl nichts ändern zu können. Sie konnte genug Vertrauen in die Gruppe fassen, und meldet in der aktuellen Sitzung den Konflikt mit ihrem Vater als Thema an.

Frau Kant: »Ich möchte das einfach nicht aufgeben, aber ich habe Angst, mit ihm offen zu sprechen. Vielleicht kann ich das ja einmal ausprobieren, wie ich mit ihm reden könnte, aber zuerst möchte ich die Szene, die zum Streit geführt hat noch einmal anschauen ...«.

Die Gruppe unterstützt ihr Anliegen und sie wird vom Therapeuten gebeten, aus dem Kreis der Gruppenteilnehmer eine Person für ihren Vater zu wählen. Auf Nachfrage des Therapeuten, wer noch in der Szene anwesend gewesen sei, sagt Frau Kant, dass sie alleine gewesen seien, aber ihre Mutter und ihre Schwester sich im oberen Stock aufhielten. Sie wählt noch zwei Personen für die Rolle der Mutter und die der eineinhalb Jahre jüngeren Schwester.

Therapeut: »Können Sie uns bitte nun einmal zeigen, wie der Raum ausgesehen hat, in dem Sie und Ihr Vater damals waren, und wer sich wo befunden hat?«

Nachdem die Patientin dies gemacht hat, erzählt sie den Rollenträgern noch etwas über die Personen (Vater, Mutter, Schwester) und den Zusammenhang der Szene (Familientreffen an einem Freitagabend; die Patientin macht zu dem Zeitpunkt in einer 600 km entfernten Stadt eine Ausbildung und kommt mit dem Zug zu Besuch nach Hause). Als die vier Rollenträger auf ihren zugewiesenen Plätzen stehen, befragt der Therapeut noch die Patientin zu ihren Beziehungen zu den drei anderen Personen. Frau Kant beginnt und erzählt mit wenigen Worten etwas zu ihrer damaligen Beziehung zu ihrem Vater, ihrer Mutter und ihrer Schwester. Das Gespräch beginnt nun.

Frau Kant zu ihrem Vater: »Ich gehe bald schlafen, ich bin müde von der Fahrt und von der ganzen Arbeitswoche ...«

Der Therapeut bittet nun Frau Kant, mit dem Vater die Rolle zu tauschen. Der Rollenspieler, welcher den Vater verkörpert, tauscht mit Frau Kant die Rolle und damit auch den Platz. Frau Kant antwortet nun in der Rolle des Vaters.

Vater mit leicht genervtem Unterton: »Was? Es ist doch nicht spät ... Hast du nicht im Zug geschlafen? [wendet sich ab und grummelt] Früher bin ich beruflich so viel herumgefahren, und dann musste ich mich auch zusammenreißen, wenn ich daheim ankam.«

Danach wechseln die beiden wieder in ihre ursprünglichen Rollen zurück. Der Vater wiederholt die Sätze, die Frau Kant in seiner Rolle gesagt hat.

Frau Kant antwortet: »Ich bin eben müde ..., und ich weiß schon, dass niemand so viel arbeitet wie du ..., und vielleicht noch Moni [ihre Schwester], die neben ihren ›tollen‹ Schulleistungen auch noch einen waahnsinnig anstrengenden Job im Squash-Center hat ...«

Nach einem erneuten Tausch sagt Frau Kant als *Vater* mit Verachtung in der Stimme: »Du bist wie deine Mutter, du nimmst immer alles persönlich. Bei dir muss man jedes Wort auf die Goldwaage legen. Die Oma hat schon recht gehabt, dass es besser ist, wenn das erstgeborene Kind ein Sohn ist, die zicken nicht so rum. Und im Übrigen finde ich es tatsächlich toll, wie deine Schwester, ohne zu klagen, Schule und Arbeit hinbekommt!«

Die beiden tauschen in ihre Ursprungsrolle zurück. Frau Kant weint und erzählt, dass sie damals so enttäuscht und verletzt gewesen sei, dass sie ihre Sachen gepackt habe und zu einer Freundin gegangen sei. Als sie am anderen Tag die Mutter angerufen habe, habe diese vom Vater ausgerichtet, dass sie sich wie eine »Wildsau« benehme und besser erst dann wiederkomme, wenn sie sich benehmen könne. Sie habe daraufhin die Familie zwei Jahre lang nicht mehr besucht und sei zum ersten Mal wieder dort gewesen, als ihre Mutter wegen einer Operation ins Krankenhaus musste.

Im *Rollenfeedback* zu dieser Szene sagt der Rollenträger des Vaters, dass er eine schwierige Mischung aus eigener Bedürftigkeit, Sehnsucht, Wut und Schuldgefühl in sich gespürt habe, als er den Vater gespielt

1. Vorlesung: Szene und Handlung in der Einzel- und Gruppentherapie

habe. Er habe aber unmöglich etwas anderes sagen können. Die Rollenträgerin der Mutter äußert, dass sie vor allem Trauer gespürt habe, aber auch Angst, was jetzt passieren werde. Und die Rollenträgerin der Schwester fühlt sich als heimliche Gewinnerin, was sie aber in der Szene habe verheimlichen müssen. Frau Kant sagt, dass sie sich wünsche, sie wäre damals nicht weggerannt, sondern hätte ihrem Vater die Meinung gesagt.

Der Therapeut regt daher als einen zweiten Schritt an, dass Frau Kant ihrem Wunsch nachgeht, entweder die Begegnung mit dem Vater noch einmal neu zu spielen, und zwar so, dass die Szene für sie einen guten Ausgang nehme, oder aber ein Gespräch heute mit dem Vater zu führen, wie sie es ursprünglich selbst als Idee hatte. Frau Kant entscheidet sich für die Variante 1, das damalige Gespräch noch einmal neu zu spielen (die Szene, als sie 20 Jahre alt war). In der Szene ist die heute 31-jährige Frau Kant mit dabei, die ihrem jüngeren Alter Ego (der 20-Jährigen) beratend und unterstützend zur Seite steht[7]. Sie verändert den Ablauf dahingehend, dass sie als 20-Jährige nicht fliehen muss, sondern sich mit Unterstützung der 31-Jährigen zur Wehr setzen kann. Im nun neu gespielten Gespräch, dem wahren zweiten Mal, kann sie die Verletzung zurückweisen und verändert die Szene dahingehend, dass ihre Mutter zu dem Streit dazukommt und den Vater in seiner Dynamik einbremst. Nach dem Spiel sagt Frau Kant, dass sie in der Szene jetzt für sich bemerkt habe, dass sie sich auch ihre Schwester noch an ihrer Seite wünsche; aber das sei noch ein anderer Schritt. Es sei ihr ja auch klar, dass das Leben kein »Wunschkonzert« sei. Gerade könne sie sich aber gut vorstellen, dass sie sich einmal mit ihrem Vater trifft, um mit ihm über ihre Beziehung und über damals zu sprechen.

Über die *Problemaktualisierung* durch die szenische Handlung konnte Frau Kant an eine auslösende Konfliktlage in ihren Objektbeziehungen kommen. In der *Surplus-Realität* des Rollenspiels auf der Bühne brachte sie ihre innere Welt nach außen (»inner world outside«[8])

---

7 Diese Art Arbeit mit jüngeren, inneren Anteilen ist ein Vorläufer der Innere-Kind-Arbeit und der Ego-state-Therapie
8 Holmes P (1992) The inner world outside. Object relations theory and psychodrama. Routledge, London

und konnte sie dort verändern. Ihr *wahres, zweites Mal* im Rahmen einer *Hier-und-Jetzt-Begegnung* half ihr, einerseits eine stärkende eigene Rolle zu aktivieren (die 31-Jährige hilft der 20-Jährigen) und andererseits eine Konflikt- oder Beziehungsklärung auf der Realebene ins Auge zu fassen (Gespräch mit dem Vater). Über den Wunsch nach der Mutter und der Schwester verstand sie, warum sie in ihrem beruflichen Alltag häufig das Gefühl hat, die Chefin und die Kolleginnen würden sie nicht genug unterstützen (*Mentalisierung* von erkannten Übertragungsbeziehungen). Ihre innere Konfliktlage hat sich stimmungsmäßig verändert: Sie war danach weniger depressiv, sondern eher aggressiv gestimmt und konnte damit ihre Konflikte aktiver angehen (*kreativer Impuls*).

Moreno nannte die Wirklichkeit beim Bühnenhandeln *Semi-Realität*; durch das Nachspielen einer Situation im Hier-und-Jetzt, im »Als-ob-Modus« wird ein Selbstheilungsprozess[9] innerhalb des Patienten in Gang gebracht[10]. Die Bühnenwirklichkeit und ihre Sicherheit erlauben dem Patienten sich heute einer Situation ein zweites Mal zu stellen, ohne dass der negative emotionale Gehalt von damals übermächtig wird und den kreativen Prozess des Patienten behindert. Die Patienten spielen die Szene. Sie tun dabei so, »als ob« es die echte erste Szene wäre, und machen dies so authentisch wie möglich. Je besser diese emotionale und kognitive Problemaktualisierung gelingt, desto heilsamer kann der Vorgang auf der Bühne sein. Gerade diese Distanz, einerseits das Gefühl, in der Situation zu sein, sie möglichst real zu empfinden, und andererseits das Wissen, dass die Situation »nur gespielt« ist, hilft bei der Verarbeitung.

---

9 Sader M (1991) Realität, Semi-Realität und Surrealität im Psychodrama. In: Vorwerg M, Alberg T (Hrsg.) Psychodrama (S. 44–63). Barth, Heidelberg
10 Dieses Vorgehen muss allerdings modifiziert werden, wenn störungsorientiert mit traumatisierten Menschen umgegangen werden soll (vgl. Bender & Stadler 2011; Stadler 2014)

1. Vorlesung: Szene und Handlung in der Einzel- und Gruppentherapie

Therapie *in* der Gruppe, *mit* der Gruppe und eine Therapie *der* Gruppe

»*Die Zuschauer waren meine Mitwirkenden. Die Menschen im Publikum waren wie Tausende unbewusste Bühnenautoren. Das Stück war die Situation, in die sie durch die historischen Ereignisse hineingeworfen worden waren, in der jeder von ihnen einen wirklichen Part spielen musste. […] Wenn es mir gelänge, das Publikum in Akteure zu verwandeln, in Akteure ihres eigenen kollektiven Dramas, des kollektiven Dramas sozialer Konflikte, in das sie in der Tat täglich verwickelt waren, dann würde meine Kühnheit belohnt werden.*«[11]

In dem Zitat wird deutlich, dass Moreno in seinen Anfängen die Psychodramatherapie als Gruppenbehandlung konzeptualisierte. Seinen eigentlichen Durchbruch als Psychotherapeut hatte er somit auch erst 1932 in den USA als Gründer der Gruppenpsychotherapie. Er verstand darunter die Therapie *in* der Gruppe, *mit* der Gruppe und eine Therapie *der* Gruppe. Jeder dieser Aspekte war zu seiner Zeit ein Novum[12].

Damals wurden Psychotherapiepatientinnen und -patienten in der Dyade Therapeut–Patient behandelt, während Moreno in seiner Privatklinik Beacon (NY) seine Patienten *in* der Gruppe behandelte. Dabei fungierten die Mitarbeiter Morenos zunächst als Gruppe für den jeweiligen Patienten[13], welche auch Rollen in der szenischen Darstellung des Patienten einnahmen: Das ist der Aspekt *mit* der Gruppe. So spielte z. B. ein Mitarbeiter Morenos für einen Patienten, der sich im Wahn für Hitler hielt, Goebbels. Schließlich beobachtete Moreno, dass sich auch die Gruppe *selbst* durch die therapeutischen Prozesse in der Gruppe und

---

11 Moreno JL (1995) Auszüge aus der Autobiografie. InScenario, Köln, S. 80
12 Einzig Burrow hatte sich mit therapeutischen Gruppenkonzepten früher beschäftigt. Er veröffentlichte zwischen 1925 und 1928 drei Aufsätze, in denen er für das Konzept der Gruppenanalyse plädierte, damit individuelle Verzerrungen und Widerstände, wie sie in der analytischen Dyade auftauchten, durch die Gruppe extrapoliert würden. Vgl. Sandner D (2013) Die Gruppe und das Unbewusste. Springer, Berlin, S. 7 ff.
13 vgl. Buer F (2007) Beratung, Supervision, Coaching und das Psychodrama. Zeitschrift für Psychodrama und Soziometrie 6 (2), 151–170 DOI 10.1007/s11620-007-0018-x, S. 164

Therapie *in* der Gruppe, *mit* der Gruppe und eine Therapie *der* Gruppe

durch die szenischen Aktionen, welche die Gruppe gemeinsam durchführte, veränderte. Sowohl der einzelne Patient als auch der »Patient Gruppe«, wie es Horst Eberhard Richter[14] später nannte, verändern sich. Dies bezieht sich nicht nur auf die handelnden Personen auf der Bühne, sondern auch auf die Zuschauerinnen und Zuschauer. Die Forschungsergebnisse der Gruppe um Rizzolatti[15] lieferten dafür im Rahmen ihrer Untersuchungen zu den so genannten Spiegelneuronen Belege hierfür: Bei Zuschauern zielgerichteter Handlungen werden die gleichen Hirnareale aktiviert und damit in Handlungsbereitschaft versetzt, wie bei den Handelnden selbst.

Die Gruppentherapie nach Moreno fokussiert die Begegnung. Er vertrat das Konzept nicht im Rahmen einer Zwei-Personen-Psychotherapie, sondern er bezog größere Gruppen, das soziale Umfeld bis hin zur gesamten Gesellschaft, in sein Konzept ein. Auf letztere bezog er sich, wenn er nicht die Psyche des Einzelnen als seinen Hauptfokus sah, sondern das ganze System, sprich die Interaktionen zwischen den Menschen, die Gruppe und die Menschheit als Ganze (Begegnungsaspekt). Mit diesem Konzept brachte Moreno die systemische Sicht in die Psychotherapie ein[16].

»Darüber hinaus postulierte Moreno ein gemeinsames Bewusstes bzw. gemeinsames Unbewusstes. Diese beiden Felder sind komplementär zu den Konzepten Freuds und Jungs zu verstehen; Ersterer beschrieb ein individuelles Unbewusstes in seinen Theorien, Letzterer ein kollektives. Das gemeinsame Bewusste und Unbewusste Morenos ist dazwischen angesiedelt: Er ging davon aus, dass Menschen nicht isoliert von anderen existieren und dass diese Dyaden, Triaden, Klein- oder Großgruppen ein gemeinsames bewusstes sowie ein gemeinsames unbewusstes Feld haben. Dieses interpersonelle Feld des gemeinsamen Bewussten und Unbewussten betrifft nicht nur die Familie und nahen Angehörigen, sondern auch z. B. Freunde, Mitarbeiter, Kollegen. Es liegt damit zwischen der

---

14 Richter HE (1976) Patient Familie. Entstehung, Struktur und Therapie von Konflikten in Ehe und Familie. Rowohlt, Hamburg
15 Rizzolatti G, Sinigaglia C (2008) Empathie und Spiegelneurone: Die biologische Basis des Mitgefühls. Suhrkamp, Frankfurt a. M.
16 Schlippe Av, Schweitzer J (2003) Lehrbuch der systemischen Therapie und Beratung. 10. Aufl. Vandenhoeck & Ruprecht, Göttingen, S. 18

1. Vorlesung: Szene und Handlung in der Einzel- und Gruppentherapie

intrapsychischen und der soziokulturellen Ebene, und es ist das eindeutige Verdienst Morenos, dies in den Blick der Psychotherapie gerückt zu haben.«[17] Mit dieser therapeutischen Philosophie verbinden sich zwei wichtige Begriffe des Psychodramas, die Soziometrie[18] und die Telebeziehung[19]. Soziometrie ist die Messung, die Darstellung, die Analyse sowie die Intervention in sozialen Beziehungen und Netzwerken. Die Telebeziehung ist die Realbeziehung zwischen Menschen; also nicht die Übertragungs- und Gegenübertragungsanteile innerhalb einer Beziehung. Die Telebeziehung zwischen Menschen kann sich aus bewussten sowie unbewussten Anteilen, z. B. in Form von Anziehung bzw. Abstoßung, zusammensetzen.

Handlung in der Einzeltherapie

Wenngleich das Psychodrama seine philosophischen und behandlungstechnischen Wurzeln im Gruppensetting hatte, kommt es heute in vielleicht sogar noch größerem Ausmaß im Einzelsetting zum Einsatz. Im deutschsprachigen Raum hat sich besonders Krüger[20] um diesen Transfer verdient gemacht. Während im Psychodrama in der Gruppe diese als Ganze bei der szenischen und handelnden Darstellung mit einbezogen ist, handelt im psychodramatischen Einzelsetting die Patientin oder die Patientin und der Therapeut gemeinsam: Es gibt keine weiteren Mitspieler oder Hilfs-Iche, die Rollen einnehmen können.

---

17 Bender W, Stadler C (2012) Psychodrama-Therapie. Grundlagen, Methodik und Anwendungsgebiete. Schattauer, Stuttgart, S. 17
18 Stadler C (Hrsg.) (2013a) Soziometrie. Messung, Darstellung, Analyse und Intervention in sozialen Beziehungen. Springer VS, Wiesbaden
19 Fangauf U, Hutter C (Hrsg.) (2010) Begegnung, Tele, Beziehung. Zeitschrift für Psychodrama und Soziometrie 9 (2)
20 Krüger RT (2005) Szenenaufbau und Aufstellungsarbeit, Praxis und Theorie, Variationen und Indikationen im Gruppensetting und in der Einzelarbeit. Zeitschrift für Psychodrama und Soziometrie 4 (2), 249–274

Handlung in der Einzeltherapie

Dabei gibt es im Wesentlichen zwei Vorgehensweisen:

1. Die Patientin spielt auf der somato-psychischen Psychodrama-Bühne nacheinander die vorkommenden Rollen selbst. Sie wechselt dabei in einem zuvor definierten Bühnenraum die Rollen körperlich, also nicht nur in der Vorstellung. Geht es z. B. um ein Märchenspiel, spielt sie sowohl den Hänsel, als auch die Gretel, als auch die Hexe, den Vater ... Vereinzelt kann es hilfreich sein, wenn der Therapeut selbst auch eine Rolle einnimmt, um die Patientin im Spiel zu unterstützen. Die Patientin ist z. B. die Hexe, der Therapeut Gretel.
2. Die Patientin spielt auf einer Symbolbühne mithilfe von Symbolen oder Intermediärobjekten. Dies können Stühle im Raum sein, welche Personen repräsentieren, aber auch kleinere Objekte, mit denen auf einer Tischbühne Szenen nachgespielt werden können (Holzklötze, Steine, Playmobilfiguren, Plastiktiere etc.; ▶ Abb. 3).

Abb. 3: Psychodrama auf der Tischbühne mit Intermediärobjekten

1. Vorlesung: Szene und Handlung in der Einzel- und Gruppentherapie

Während das erste Vorgehen mehr Identifikation mit den Rollen und ihren Zuständen (Affekten, Kognitionen, Handlungsimpulsen) erlaubt, schafft das zweite Vorgehen mehr emotionale Distanz. Letztere kann besonders bei belastenden Situationen (Albträume) hilfreich sein und eine Metaperspektive eröffnen.

2. Vorlesung
Der Traum

Woher kommen die Träume?

In Sachen Traum ist Sigmund Freud nach wie vor einer der zentralen Referenzpunkte:

>*In den Zeiten, die wir vorwissenschaftliche nennen dürfen, waren die Menschen um die Erklärung des Traumes nicht verlegen. Wenn sie ihn nach dem Erwachen erinnerten, galt er ihnen als eine entweder gnädige oder feindselige Kundgebung höherer, dämonischer oder göttlicher Mächte. Mit dem Aufblühen naturwissenschaftlicher Denkweisen, hat sich all diese sinnreiche Mythologie in Psychologie umgesetzt, und heute [1901] bezweifelt nur mehr eine geringe Minderzahl unter den gebildeten, dass der Traum die eigene psychische Leistung des Träumers ist.*«[21]

Der Traum drückte vor der Einbeziehung psychischer Komponenten etwas Überindividuelles, Kollektives oder Schicksalhaftes aus, das mit dem Leben der Träumenden im Sinne einer psychischen Determination nichts zu tun hatte. Der Träumer tritt im Traum in Kontakt mit dem Überindividuellen, erhält Botschaften des Göttlichen. Mit dem psychologischen Traumverständnis (»der Traum [ist] kein somatisches, sondern ein psychisches Phänomen«[22]) wird die Quelle nach innen, in den Träumer hinein, verlegt. Türcke[23] stellt fest, dass Freud mit dieser frühen

---

21 Freud S (2006) Schriften über Träume und Traumdeutungen. Fischer, Frankfurt a. M., S. 37
22 Freud S (1969) Vorlesungen zur Einführung in die Psychoanalyse. Studienausgabe, 1.c, Bd. I, Fischer, Frankfurt a. M., S. 116
23 Türcke C (2011) Philosophie des Traums. C. H. Beck, München, S. 21 ff.

2. Vorlesung: Der Traum

Abb. 4: Sigmund Freud[24] (1856–1939), Foto 1927, © akg-images

rein psychologischen Sicht das Kind mit dem Bade ausgeschüttet hatte; Träume haben auch neurobiologische Korrelate (Hirnarealaktivitäten, Neurotransmitter). In den 1970er Jahren kam der Rollback: Hobson und McCarley entwickelten in ihrer Beschäftigung mit REM- und NREM-Schlafphasen die Aktivierungs-Synthese-Theorie von Träumen. Träume sind nach dieser Theorie sinnlos, da keine höheren Hirnzentren an der Traumentstehung beteiligt sind[25]. Erst in der Kombination von psychodynamischer Sicht und somatischer, sprich neurowissenschaftlicher Herangehensweise sind wir bei einem modernen, integrativen Verständnis von Träumen angekommen[26]. Der Traum kann sowohl ob-

---

24 www.planet-wissen.de; Abruf: 2014_02_22
25 Vgl. Wiegand MH (2006) Neurobiologie des Träumens. In: Wiegand MH, Spreti Fv, Förstl H (Hrsg.) Schlaf & Traum. Neurobiologie, Psychologie, Therapie (S. 17–35). Schattauer, Stuttgart
26 Vgl. Solms M (1997) The neuropsychology of dreams. Lawrence Erlbaum, Mahwah NJ

jektive wie subjektive Ursachen haben, und er kann sowohl Objektives als auch Subjektives erzählen. Schließlich gibt es ein Kontinuum von Wachträumen über Imaginationen bis zu Schlafträumen, was sich in verschiedenen Bewusstheitsgraden niederschlägt.

Tab. 2: Traumsymbolik und Deutungen

- Objektive Traumsymbolik
- Jung`sche Symbolik (kulturbezogene Assoziationen)
- »Tagesrest« (Lebensweltbezug)
- Wahrträume

- Eigene vs. fremde Deutung
- Dialogische Deutung
- Handlungsdeutung

Modelle des Traums

Die Traummodelle werden in der Literatur ausführlich beschrieben, daher soll an dieser Stelle nur kurz auf die verschiedenen Sichtweisen eingegangen werden (vgl. Ermann[27]; Freud[28]; Kast[29]; Kemper[30]; Leuschner[31]; Mertens[32]; Thomä und Kächele[33]).

---

27 Ermann M (2014) Träume und Träumen. 2. Aufl. Kohlhammer, Stuttgart
28 Freud S (1982) Studienausgabe Band II. Die Traumdeutung. Fischer, Frankfurt a. M.
29 Kast V (2012) Träume. Die geheimnisvolle Sprache des Unbewussten. Patmos Verlag, Ostfildern
30 Kemper W (1983) Der Traum und seine Be-Deutung. Fischer, Frankfurt a. M.
31 Leuschner W (2008) Traum. In: Mertens W, Waldvogel B (Hrsg.) Handbuch psychoanalytischer Grundbegriffe. Kohlhammer, Stuttgart. 3. Aufl.
32 Mertens W (2003) Traum und Traumdeutung. C. H. Beck, München
33 Thomä H, Kächele H (2006) Psychoanalytische Therapie. Grundlagen. Springer, Heidelberg

2. Vorlesung: Der Traum

Psychodynamisches Verständnis

Freud betrachtete den Traum als *Wächter des Schlafes*, Thomä und Kächele ergänzen diese Sicht mit der These, dass der Schlaf auch der *Hüter des Traumes* sei.

»Der Traum ist eine Wunscherfüllung und gleichzeitig der Hüter des Schlafes, lautet die Formel. Die Beschäftigung mit dem Verdrängten im Schlaf müsse dem biologisch höherrangigen Schlafwunsch dienen. Die psychische Abkehr des Einschlafenden von allem und jedem, seine Regression zur intrauterinen Situation, kann das Verdrängte nicht einbeziehen, kann nicht mehr über es bestimmen, weil es unbewusst, aber abgespalten für sich existiert. Es bleibt aktiv und trotz dem Schlafwunsch, unausweichlich stört es den Schlaf. Der Traum ist dann der biologische wie psychologische Kompromiss. Die nächtliche Beschäftigung mit den verdrängten Wünschen bleibt möglich, weil diese halluzinativ in Erfüllung gehen. Weil aber diese Erfüllung durch die Traumarbeit (Verdichtung, Verschiebung usw.) unkenntlich entstellt wird, merkt der Träumer üblicherweise weder die Wünsche noch ihre Erfüllung. Er muss nicht erschrecken und erwachen.«[34]

Wenn die Verdrängung der kindlichen Triebe nicht vollständig gelingt, wird deren Wunscherfüllung[35] im Traum sicht- und erlebbar. Positiv ausgedrückt bedeutet dies, dass der Träumer dem infantilen Inhalt gestattet, bewusstseinsfähig zu werden. Das Unbewusste wählt als Kompromiss den Weg des Traumes, um einen Inhalt (Wunsch) deutlich werden zu lassen. Freuds Position ist also, dass die Wunscherfüllung im Traum eigentlich Kinderträume sind. Die *Traumarbeit* und die *Traumzensur* des Träumers sorgen dafür, dass der eigentliche, kindliche Inhalt verborgen bleiben kann und dennoch erfüllt wird.

Unter *Traumarbeit* wird der unbewusste Vorgang verstanden, mit dem der eigentliche *Wunsch* in einen *Traum* verwandelt wird. Mittels *Verschiebung*, *Verdichtung* und *Umkehrung* wird der *latente* Wunsch in einen *manifesten* Traum übersetzt. »Mit den aufgezählten Leistungen ist ihre [der Traumarbeit, CS] Tätigkeit erschöpft; mehr als verdichten,

---

34 Beland H in: Freud S (2006) Schriften über Träume und Traumdeutungen. Fischer, Frankfurt a. M., S. 13
35 »Halluzinatorische Erfüllung sexueller Wünsche der Träumer« Ermann M (2014) Träume und Träumen. 2. Aufl. Kohlhammer, Stuttgart, S. 19

verschieben, plastisch darstellen und das Ganze dann einer sekundären Bearbeitung unterziehen kann sie nicht«[36]. So kann z. B. in einem Traum eine gehemmte Bewegung, also ein Auto, das nicht beschleunigen kann, einen Willenskonflikt verdeutlichen.

Die *Traumzensur* sorgt dafür, dass der Träumer nicht mehr weiß, was er ursprünglich mit dem Traum für einen Wunsch bedienen wollte. Traumarbeit und Traumzensur stellen damit ein zweifaches Versteckspiel mit sich selbst dar.

Für Freud und spätere Vertreter psychodynamischer Theorien ist der Traum damit ein Zugangsweg zum Unbewussten. Bei Freud zeigen sich dabei vor allem verdrängte Triebe, bei Melanie Klein und ihren Nachfolgern unbewusste Objektbeziehungsphantasien. »In dem Traum äußern sich unbewusste Phantasien in ihrer Beziehung zu konkreten inneren Objekten.«[37] In der Konsequenz bedeutet dies für die Kleinianischen Therapeuten, dass sie die Aufgabe haben »die unbewussten Phantasien der Träumer in sich aufzunehmen, ihrem Sinn nachzuspüren und auf diese Weise wie ein Primärobjekt zur Verfügung zu stehen. Diese Aufgabe ist gemeint, wenn heute so viel von Containing gesprochen wird.«[38] Bion bezeichnet diesen Vorgang als »Revérie«, also ein Wiederträumen oder Nachträumen durch den Therapeuten. Dies hat einen Bezug zum psychodramatischen Umgang mit dem Traum, wie wir später sehen werden.

Die empirische Traumforschung hat in den letzten Jahren eine Entwicklung durchlaufen, die am Ende wieder bei den Freud'schen Grundgedanken zum Traum angekommen ist. Sie untersuchte die Funktion der Träume im psychischen Haushalt und die kognitiv-affektiven Prozesse bei der Traumentstehung[39]. Die von Hobson und McCarley vertretene *Papierkorb- oder Aktivierungs-Synthese-Theorie*[40] des Traumes (»Über-

---

36 Freud S (1969) Vorlesungen zur Einführung in die Psychoanalyse. Studienausgabe, 1.c, Bd. I, Fischer, Frankfurt a. M., S. 185
37 Ermann M (2014) Träume und Träumen. 2. Aufl. Kohlhammer, Stuttgart, S. 60
38 ebenda, S. 61
39 Vgl. Thomä H, Kächele H (2006) Psychoanalytische Therapie. Grundlagen. Springer, Heidelberg, S. 158
40 Hobson A (2002) Dreaming. An Introduction to the Science of Sleep. Oxford University Press, Oxford

2. Vorlesung: Der Traum

semantisierung«) besagt, dass der Traum eine bloße Folge einer Hirnstammaktivierung sei. Das Acetylcholin produziert *zufällige* Erregungsmuster, die als Träume erlebt werden. Diese Sicht ist heute überholt durch aktuelle Forschungen. Mark Solms, der bekannteste aktuelle Vertreter der Neuropsychoanalyse, konnte Freuds Vorstellung vom Traum als Wunscherfüllung bestätigen[41]. Heute wissen wir, dass wir sowohl in REM-, als auch in NonREM-Phasen träumen, dass das Dopamin (Belohnungs-/Erfüllungssystem) wesentlich mit Träumen verbunden ist und dass verschiedene Frontalhirnstrukturen beim Träumen aktiv sind.

Es konnte damit ein fließender Übergang zwischen Traum- und Wachdenken nachgewiesen werden, »und es lässt sich zeigen, dass es eine kontinuierliche Zunahme des Affektausdrucks und der Entstellung von Tagträumen über Phantasien in Hypnose bis hin zu den Nachtträumen gibt«[42]. So kommt man heute – nicht nur in der Psychoanalyse – zu dem Schluss, dass die Trauminhalte mit den Persönlichkeitseigenschaften des Träumers korrespondieren.

Moser hat die verschiedenen psychodynamischen Perspektiven auf den Traum zusammengefasst und versteht den Traum als eine Art präverbales Selbstgespräch, als Beitrag, die eigene Situation zu überdenken[43]. Zwiebel[44] fasst die Moser'schen sechs Denkmodelle zum Traum zusammen und schildert dessen eigenes als siebtes:

1. Traum als Zugang zur Innenwelt des Träumers und seinen infantilen sexuellen Wünschen (Freud),
2. Traum als Botschaft an den Träumer (Benedetti),
3. Traum als Theater und Bühne mit unterschiedlichen Darstellern (Morgenthaler),

---

41 Solms M (1997) The neuropsychology of dreams. Lawrence Erlbaum, Mahwah NJ
42 Thomä H, Kächele H (2006) Psychoanalytische Therapie. Grundlagen. Springer, Heidelberg, S. 162
43 Moser U (2005) Traumtheorien und Traumkultur in der psychoanalytischen Praxis. In: Ders.: Psychische Mikrowelten. Neuere Aufsätze. Vandenhoeck & Ruprecht, Göttingen, S. 300
44 Zwiebel R (2012) Der träumende Analytiker. Psyche – Zeitschrift für Psychoanalyse und ihre Anwendungen 66, S. 779 f.

4. Traum als Projektionsfläche und Raum, in dem Handlungen vollzogen werden (Lewin),
5. Traum als Container (Bion),
6. Traum als Übergangsobjekt, welches den Schlaf behütet (Pontalis),
7. Traum als simulierte Mikrowelt: Problemlösungsversuch für die inneren Konflikte (Moser).

Der Traum hat nach Moser eine affektive sowie eine kognitive Komponente, die im Gleichgewicht gehalten werden. Die affektive Komponente bezieht sich auf den Aspekt der *Wunscherfüllung*, besonders in Bezug auf andere Menschen, die kognitive auf den Aspekt der *Sicherheit*. Ausgelöst wird der Traum nach Moser durch einen Tagesrest. Ist der Tagesrest traumatisch, besteht ein hohes Risiko, dass der Sicherheitsaspekt den affektiven Traumprozess unterbricht; der Träumer wacht im Alptraum auf[45].

Bernd sehnt sich seit seiner Kindheit nach der Anerkennung durch seinen Vater (Wunsch). Er träumt von seinem Chef, der ihn aber just am Tag zuvor vor versammelter Belegschaft in massivster Weise kritisiert hatte (Tagesrest). Im Traum erscheint der Chef an seinem Schreibtisch, doch bevor er zu schreien beginnt, wacht Bernd auf (Sicherheitsaspekt).

Die Traumdeutung als Dechiffrierung

Da der Traum in der psychodynamischen Vorstellung eine chiffrierte Botschaft ist, muss sie dechiffriert werden, wenn der latente Trauminhalt, der ursprüngliche Wunsch/Trieb verstanden werden soll. Durch die *Traumdeutung* wird durch die Traumarbeit rückgängig gemacht. Hier gibt es im Wesentlichen zwei Möglichkeiten in der psychoanalytischen Traumdeutung, entweder durch die *freie Assoziation* oder durch die *allgemeingültige Übersetzung* der Chiffren (Bsp.: Ein Auto im Traum bedeutet den Wunsch nach Autonomie, oder eine Autobahn im Traum bedeutet den Lebensweg). Bekanntermaßen bevorzugte Freud die freie Assoziation.

---

45 Vgl. Hau S (2012) Klinische und Extra-klinische Traumforschung. Klinische und Extra-klinische Traumforschung. http://www.psychoanalyse-aktuell.de/Detail.322+M53b805325a9.0.html, Abruf: 2014_02-22

2. Vorlesung: Der Traum

> »Indem die Symbole feststehende Übersetzungen sind, realisieren sie im gewissen Ausmaße das Ideal der antiken wie der populären Traumdeutung, von dem wir uns durch unsere Technik weit entfernt hatten. Sie gestatten uns unter Umständen einen Traum zu deuten, ohne den Träumer zu befragen, der ja zum Symbol ohnedies nichts zu sagen weiß. Kennt man die gebräuchlichen Traumsymbole und dazu die Person des Träumers, die Verhältnisse, unter denen er lebt, und die Eindrücke, nach welchen der Traum vorgefallen ist, so ist man oft in der Lage, einen Traum ohne weiteres zu deuten, ihn gleichsam vom Blatt weg zu übersetzen.«[46]

Die Idee dabei ist, dass es eine Botschaft gibt, die entschlüsselt werden muss: Ein Traum ist eine verschlüsselte Botschaft. Wir werden später sehen, dass das handlungsorientierte Vorgehen des Psychodramas nicht notwendigerweise diese Sicht teilt, sondern sich aus einem Traum sowohl mehrere Botschaften als auch mehrere Zugangswege zum Unbewussten ergeben können.

Freud vertrat neben der rein individualpsychologischen Auffassung von Träumen auch eine soziologisch oder historisch geprägte. Das, was die Menschheit in der Phylogenese erlebt hat, ist das Basismaterial, auf welches der einzelne Träumer in seiner Ontogenese zurückgreift.

> »Freud selbst war durch Phänomene wie die merkwürdige Herrschaft der Kastrationsangst, des Inzesttabus, des kulturellen Schuldgefühls der Menschheit und nicht zuletzt durch das Phänomen der Sprachsymbole, der in vielen Kulturen gleich geträumten Traumsymbole, deren Wortbedeutung manchmal in einer der gegenwärtig gesprochenen Sprachen direkt kenntlich wird, überzeugt, dass Psyche wie Körperbau die Geschichte des Lebens repräsentieren, dass also auch die traumatische Vorgeschichte der Menschheit (wie die der davor liegenden Entwicklung) irgendwie im Unbewussten psychisch aufbewahrt sei und von dort her dauernd und zeitweilig sogar intensiv wirke. Das phylogenetisch Vererbte, Traumatische, in unbewussten Phantasien existierende ›Verdrängte‹ wäre der Stoff alles Träumens, wäre das zu Verarbeitende, bevor die persönlichen Schicksale den ontogenetischen Stoff, gleichförmig zum Ererbten, hinzufügen.«[47]

---

46 Freud S (1969) Vorlesungen zur Einführung in die Psychoanalyse. Studienausgabe, 1.c, Bd. I, Fischer, Frankfurt a. M., S. 152
47 Beland H (2006) in: Freud S: Schriften über Träume und Traumdeutungen. Fischer, Frankfurt a. M., S. 16 f.

C. G. Jungs Traummodell

Jung versteht die handelnden Personen in den Träumen als Symbole für die *Komplexe* der Träumer. In den Komplexen manifestieren sich nach Jung emotional belastende Konfliktlagen zwischen dem Individuum mit seinem persönlichen So-Sein und der Umwelt, die sich nicht in das Alltagsbewusstsein integrieren lassen. In der Sprache des Psychodramas sind diese Komplexe Rollen, die nicht integriert sind bzw. den inneren kreativen Prozess der Person stören, und Konfliktlagen zwischen der Person und ihrem sozialen Netzwerk. Als Träumer befindet man sich in der Spontaneitätslage. Man ist herausgefordert, mit einem konflikthaften, nicht integrierten Teil umzugehen; dies geschieht im Traum. Dabei stellt Jung einen fließenden Übergang von Nachtträumen zu Tagträumen, Imaginationen und Phantasien fest.

Abb. 5: C. G. Jung[48] (1875–1961), © akg-images/Mondadori Portfolio

---

48 www.solid.ethz.ch, Abruf: 2014_02_22

2. Vorlesung: Der Traum

Kompensatorische und prospektive Funktion des Traumes

Die Frage, ob ein Traum in erster Linie Wunscherfüllung (Freud) oder Komplexintegration (Jung) ist, kann als die *kompensatorische* Seite[49] des Traumes verstanden werden. Der Träumer wird mit all demjenigen konfrontiert, an was es im Alltag der gelebten Beziehungen, dem persönlichen wie dem gesellschaftlichen Umfeld mangelt. Der Traum kompensiert den Mangel, die Sehnsucht. Dieser Selbstregulationsmechanismus der Seele gilt selbstverständlich nicht nur für die positiven Seiten, also für das, was sich die Träumerin wünscht und herbeisehnt, sondern auch für die »Schattenseiten«, also für das, was sie nicht so gerne sieht, was dem Leben an Dunklem fehlt. Kast führt dazu ein schönes Beispiel eines moralisch integren Mannes an, der immer wieder von einem »Herrn Schmutz«[50] träumt. Vom Gedanken, dass Träume Fehlendes kompensieren, hin zu der *finalen* Deutung von Träumen, also dem Verständnis des Traumes als zielgerichtetes Geschehen, ist es nur ein kleiner Schritt. Eine Frau träumt z. B., dass sie heiraten wird, *um* sich unbewusst mit der Frage der Verbindlichkeit einer Liebesbeziehung zu beschäftigen.

Der *prospektive* Traum nimmt laut Jung etwas vorweg, er ist eine Antizipation, ein Entwurf auf eine Zukunft hin. Aufgrund vorhandener, bereits erlebter Erinnerungen entwirft die Träumerin eine Zukunft. Zuweilen wurde dieses Konzept dahingehend überinterpretiert, dass der Traum eine zukünftige Wahrheit spiegle, eine geträumte Ahnung, ein Orakel sei. Mertens schlägt für dieses Phänomen dagegen vor: »Träume haben tatsächlich auch einen vorausschauenden Anteil, wenn sie dem Wachbewusstsein nicht zugängliche Problemlösungsoptionen, die aus der Vergangenheit stammen, mit dem gegenwärtigen Problem kombinieren und nicht zuletzt auch aufgrund einer kreativen Neuordnung zu bislang nicht beachteten oder gekannten Antworten gelangen.«[51]

---

49 Jung CG (2013) Traum und Traumdeutung. dtv, München, S. 106
50 Kast V (2012) Träume. Die geheimnisvolle Sprache des Unbewussten. Patmos Verlag, Ostfildern, S. 102
51 Mertens W (2003) Traum und Traumdeutung. C.H.Beck, München, S. 68

Träume können also mehr Verbindungen herstellen als das Wachbewusstsein. Dies bezeichnet Hartmann als *Hyperkonnektivität*[52]. Tagesreste werden mit Phantasien verbunden, Personen, die nichts miteinander zu tun haben, sind plötzlich in einem Bild, ein Haus ist an einem ganz anderen Ort als in der realen Welt. Diese Kombinationen erscheinen seltsam und befremdlich, da es sich dabei um neu entstandene neuronale Netzwerke handelt. Diese Neuschöpfungen sind kreative Akte des Träumers, durch welche der Traum in der Person etwas bewirkt, unabhängig davon, ob diese ihn verstanden, analysiert oder gedeutet hat. Mit diesem Aspekt stellt sich auch ein Bezug zur handlungsorientierten, psychodramatischen Traumarbeit her, die nicht nur den hermeneutischen Gehalt des Traums im Fokus hat, also das deutende Verstehen des Trauminhalts, sondern den Traum auch als Produkt eines inneren, kreativen Prozesses ansieht, an den im Alltag angeknüpft werden kann (siehe »Der Weitergeführte Traum«). Die Hyperkonnektivitätshypothese lässt sich gut mit Hüthers[53] Vorstellung in Verbindung bringen, der den Traum als ein *handlungsleitendes inneres Bild* sieht. Er geht davon aus, dass Kinder bereits mit einem Repertoire an inneren (handlungsleitenden) Bildern auf die Welt kommen, die situativ aktiviert werden. Der Traum wäre in diesem Fall ein mögliches inneres Bild neben anderen. Wenn sich die äußere Situation oder Lage verändert, greift der Mensch auf seinen inneren Bilderschatz zurück, um sich neu zu orientieren. Die Bilder sind dabei nicht statisch, sondern können je nach Lage in einem inneren, kreativen Prozess neu konfiguriert werden.

Der Traum auf Objekt- und Subjektstufe

»Unsere imagines sind Bestandteile unseres Geistes, und wenn unser Traum irgendwelche Vorstellungen reproduziert, so sind dies in erster Linie *unsere Vorstellungen*, in deren Bildung die Gesamtheit unseres Wesens verwoben ist; es sind subjektive Faktoren, die im Träume nicht aus äußeren Gründen, son-

---

52 Kast V (2012) Träume. Die geheimnisvolle Sprache des Unbewussten. Patmos Verlag, Ostfildern, S. 46
53 Hüther G (2004) Die Macht der inneren Bilder. Wie Visionen das Gehirn, den Menschen und die Welt verändern. Vandenhoeck & Ruprecht, Göttingen

2. Vorlesung: Der Traum

> dern aus den intimsten Regungen unserer Seele heraus sich so oder so gruppieren und damit den oder jenen Sinn ausdrücken. Die ganze Traumschöpfung ist im Wesentlichen subjektiv, und der Traum ist jenes Theater, wo der Träumer Szene, Spieler, Souffleur, Regisseur, Autor, Publikum und Kritiker ist. Diese einfache Wahrheit ist die Grundlage jener Auffassung des Traumsinns, die ich als Deutung auf der *Subjektstufe* bezeichnet habe. Diese Deutung fasst, wie der Terminus sagt, alle Figuren des Traumes als personifizierte Züge der Persönlichkeit des Träumers auf.«[54]

Neben der Frage nach der Funktion und Entstehung des Traums wird im Allgemeinen unterschieden zwischen dem subjekt- und dem objektstufigen Verständnis des Traums. Obiges Zitat von Jung verdeutlicht mit seinem Theaterbild sehr anschaulich, was mit der Subjektstufe gemeint ist. Alles, was im Traum vorkommt, ist ein Teil der eigenen Person. Die Objektstufe bezieht sich darauf, dass die im Traum in Erscheinung tretenden Personen die real lebenden Personen repräsentieren. Träumt z. B. ein Sohn von seinem Vater, geht es bei der Deutung auf der Objektstufe um das Thema der Vater-Sohn-Beziehung. Auf der Subjektstufe würde man sich fragen, in welcher Beziehung der väterliche und der sohnhafte Aspekt des Träumers zueinander stehen.

Traum Sonja

> Die Träumerin erzählt:
> »Ich laufe an einer schmalen Landstraße entlang mit meinen beiden Kindern an der Hand. Ich komme aus einer Kleinstadt und gehe einen steilen Berg hinauf in Richtung meines Elternhauses. Die Straße macht ein paar Kurven, dann sehe ich vor mir auf der rechten Seite einen Autounfall mit Polizei und Feuerwehr. Ich gehe weiter und sage zu meinen Kindern: »Schaut da nicht hin, schaut vor Euch auf die Straße und geht einfach weiter!«

Objektstufiger Bezug: Die Patientin hat in ihrer Kindheit und Jugend sehr schwierige Situationen mit ihrer alkoholkranken Mutter und ihrem

---

54 Jung CG (2013) Allgemeine Gesichtspunkte zur Psychologie des Traumes. In: Traum und Traumdeutung. Dtv, München, S. 118

Bruder erlebt, was dazu führte, dass sie früh von zuhause aus dem Elternhaus auszog und im Erwachsenenleben nach dem Tod ihres Vaters den Kontakt zu den beiden abgebrochen hat. Sie bemüht sich aus Kräften – und mit Erfolg –, ihre Kinder anders zu behandeln, sie auf einen anderen Weg zu führen und sie aus den Unfallthemen von früher herauszuhalten. In der Therapie setzt sie sich sehr mit ihrer Kindheit und Jugend sowie mit ihrer Familie auseinander. Sie geht bewusst den steilen Weg zu ihrer Heimat, ihren Wurzeln, um die Situationen zu verstehen und zu verändern.

Subjektstufiger Bezug: Die Patientin ist auf einem anstrengenden Weg, wo Kräfte (Kinder) sie auch neugierig und unbefangen, manchmal wie Rotkäppchen »naiv« auch vom Weg abbringen möchten (Blick auf den Unfall). Sie muss sich selbst ermahnen, auf dem eingeschlagenen Weg zu bleiben und nicht auf ihre Verletzungen zu schauen (Kinder sollen nicht zum Unfall schauen). Es kostet sie einige Selbstdisziplin, ihren Weg zu gehen und dort zu bleiben, die Wurzeln im Blick zu haben, ohne die Verletzung zu sehen. Der Unfall lockt wie im Mythos von Odysseus bei den Sirenen, aber dann kann man nicht weitergehen zur eigenen Elternrolle. In der Therapie ist sie Feuerwehr und Polizei, sie stellt fest, dass etwas Schlimmes passiert ist, und versorgt die Verletzten, ihre Wunden.

Ein weiteres Beispiel für die unterschiedliche Sichtweise auf der Objekt- und auf der Subjektstufe zeigt Daniels Traum.

Daniels Traum

Daniel träumt, dass er etwas einkaufen möchte. Er denkt bei sich, dass er eigentlich zu wenig Geld hat. Er betritt ein Bürogebäude und geht auf der anderen Seite wieder hinaus. Danach läuft er in eine kleinere Straße, in der sich nicht so viele Geschäfte befinden, einige Restaurants und ein Eisenwarenladen, vor dessen Auslage er stehen bleibt. Daniel betrachtet die verschiedenen Fahrradlampen und Fahrradpumpen sowie in einem zweiten Fenster verschiedene Grillgeräte und tragbare Feuerstellen. Schließlich geht er in den rechten Eingang hinein (der rechte Eingang liegt direkt neben dem linken, nur durch eine halbhohe Absperrung getrennt: wie zwei Gehirnhälften ist der gesamte Laden wie spiegelbildlich), stellt sich kurz zusammen mit seinem Sohn (ca. 20 Jahre alt) am Tresen rechts an. Dieser nimmt eine Banane aus einem

2. Vorlesung: Der Traum

Regal, isst sie auf und will die Schale über die Schulter nach hinten in die andere Hälfte hinüberwerfen. Eine Verkäuferin nimmt dem Sohn die Schale ab. Daniel wird ärgerlich und ist beschämt über diese Szene, während die Verkäuferin verständnisvoll reagiert. Daniel und sein Sohn verlassen den rechten Teil des Ladens wieder, gehen nach draußen, um sofort den linken Eingang zu nehmen. Daniel geht wieder zu einem Tresen, diesmal an der hinteren Ladenseite. Die Verkäuferin dort hat die von ihm gewünschte Fahrradlampe nicht, nur sehr viele verschiedene andere, welche sie vor Daniel auspackt. Daniel beschwert sich, dass er diejenige nicht bekommt, die in der Auslage war. Daraufhin kommt der Abteilungsleiter und sagt, dass die kleine Lampe reiche. Die große Lampe mache zu viel Druck auf den Reifen, und es sei zu anstrengend, bei diesem Dynamodruck Fahrrad zu fahren. Daniel überlegt, eine hochformatige statt einer querformatigen Lampenform zu wählen. Danach geht es noch um eine tragbare Feuerstelle in einem der Schaufenster, um eine Art Dreibein. Unten hängt ein Topf dran, der verhindern soll, dass der Boden vom Feuer beschädigt wird.

Im subjektstufigen Verständnis sind sowohl Daniel als auch sein Sohn, die Verkäufer, ja sogar die Banane, die Feuerstellen, Fahrradlampen und die Gebäude Anteile von Daniel. Um den Traum auf dieser Stufe zu erschließen, ist es wichtig, sich mit allen Anteilen so zu beschäftigen, als sei jeder ein Repräsentant eines inneren Aspektes, als würde jeder eine Rolle aus dem eigenen Rollenrepertoire verkörpern. In der handlungsorientierten, psychodramatischen Therapie ist es von daher essentiell, dass der Träumer alle im Traum vorkommenden Rollen einmal in einem Rollenwechsel einnimmt. Durch diese Rollenwechsel lernt er sich selbst besser und vollständiger kennen. Dies hat natürlich » [...] philosophisch weitreichende Konsequenzen: der Mensch ist so besehen selber verantwortlich für alles, er kann nicht mehr anderen Vorwürfe machen; Ansprüche, die man an andere stellt, hätte man an sich selbst zu stellen. Man müsste immer bei sich selber anfangen. Deshalb sollte man auch das Deuten auf der Subjektstufe nicht übertreiben, denn auch in Träumen geht es manchmal um ganz reale konkrete Verletzungen, die uns andere Menschen antun, auf die wir natürlich in einer Haltung der Selbstsorge reagieren können; aber auch wenn alle anderen auch wir selbst sind, und das sagt letztlich das Deuten auf der Subjektstufe – es gibt auch die

Realität der Beziehungen, ganz konkrete Konflikte, mit denen wir umgehen müssen, für die wir eine Lösung finden müssen.«[55]

Diese Realität der Beziehungen, die Kast hier anspricht, weist auf die Objektstufe hin. In obigem Traum kommen Daniel und sein Sohn vor, und es macht Sinn, den Traum auch vor dem Hintergrund dieser Realbeziehung zu betrachten. Welche Art von Beziehung und Konfliktthematik zeigt sich in Daniels Traum, und was haben diese mit der Alltagsbeziehung zwischen Daniel und seinem Sohn zu tun, wären in diesem Fall die zu stellenden Fragen. Handlungsorientiert wird dies wiederum durch entsprechende Rollenwechsel erschlossen, wobei die Fragestellung anders ist. Daniel wird nicht explorieren, welche seiner eigenen Seiten sich ihm in der Rolle seines Sohnes zeigt, sondern welche Seite seines Sohnes sich hier im Traum Daniel zeigt. Ohne dass mit Daniel vorab geklärt wird, welcher Aspekt untersucht werden soll, wird dies im psychodramatischen Traumspiel während des Rollenwechsels mit dem Sohn für ihn selbstevident. So erkennt Daniel, dass sich in der Sorglosigkeit seines Traumsohnes etwas von einem eigenen Wunsch nach einem unbeschwerten Hintersichlassen enthalten ist; gleichzeitig zeigt sich aber die Parallele zu dem realen Ärger über ein rücksichtsloses Zuviel davon in der Realbeziehung zwischen Daniel und seinem Sohn.

Ein anderer kurzer Traum eines Patienten macht deutlich, dass das Beleuchten beider Aspekte wichtig sein kann:

Manuels Traum

Manuel, ein junger Mann von etwa 30 Jahren, träumt, dass sein Bruder Peter sowie seine Schwägerin Birgit durch einen Unfall gestorben sind und ihre beiden kleinen Kinder Anna und Klara nun bei ihm und seiner Frau Simone leben.

Nach dem monodramatischen Traumspiel, in dem Manuel alle relevanten Rollen im Rollenwechsel erlebt hat, sagt er:

---

55 Kast V (2012) Träume. Die geheimnisvolle Sprache des Unbewussten. Patmos Verlag, Ostfildern, S. 80

2. Vorlesung: Der Traum

»In der Rolle meines Bruders Peter war ich traurig, dass ich keine Zeit mehr mit meinen Kindern haben kann. Mein Verhältnis zu Manuel war nie so besonders gut, ich glaube, er mochte mich nicht besonders, aber ich bin froh, dass die Kinder jetzt bei ihm sein können. Er wird alles für sie machen, da kann ich mich darauf verlassen. [...] Als Birgit war ich verzweifelt, dass ich meine Kinder nicht mehr hatte. Ich hätte so gerne meine Kinder bei mir gehabt. Das klingt jetzt vielleicht gemein, aber ich hätte sie lieber bei mir, also auch tot, als dass sie jetzt weg sind, bei meinem Schwager. Ich weiß nicht, wie der mit Kindern umgehen kann, er hat ja selbst keine. [...] Als Simone fand ich das anstrengend. Also, Manuel hat mir schon leidgetan, aber ich habe ja selbst eine Tochter und jetzt kamen noch zwei Kinder dazu; ich wusste nicht, wie ich das schaffen soll. Ich war mir nicht sicher, ob sich die Kinder verstehen werden oder ob meine Tochter (aus erster Ehe) jetzt für Manuel nicht mehr so wichtig ist. [...] Als Anna (1 Jahr alt) habe ich alles nicht verstanden, warum Mama und Papa jetzt nicht mehr da sind und warum ich aus meiner Heimat weg soll. Der Manuel war mir fremd und Simone noch mehr. Gefühle habe ich keine gespürt. [...] Als Klara (4 Jahre alt) war ich wütend, dass durch den blöden Unfall jetzt plötzlich meine Mama und mein Papa weg sind. Vor allem die Mama. Manuel ist ganz lieb zu mir. [...] In meiner eigenen Rolle hatte ich unterschiedliche Gefühle und Gedanken: Erstmal war das total schön, dass die beiden Kinder jetzt bei mir leben. Das habe ich genossen, und ich wusste, dass ich alles für die mache. Dann ist mir plötzlich eingefallen, dass ich jetzt auch Kinder habe, nicht nur meine Frau. Und dann hatte ich auch ein schlechtes Gewissen wegen des Unfalls. Ich wusste eigentlich nichts über den Unfall, also auch im Traum selbst nicht, aber ich hatte ein bisschen Schuldgefühle, als ob ich mit dem Unfall etwas zu tun hätte. [...]«

Adam fasst diese umfassende Sicht auf die Trauminhalte zusammen: »Alle Traumfiguren stellen Eigenschaften, Kraftpotenziale oder Komplexe des Betreffenden selbst dar. Alle Tiere sind Aspekte seines Körpers, seiner Instinktausstattung, seiner Triebbereiche, seiner Animalität. Auch alle anderen Elemente seines Traumes sind danach Wesenszüge, Energiepotenziale oder Seinsmöglichkeiten des Träumers. Und selbst die Vorgänge, Bewegungen und Ereignisse des Traumes spiegeln entsprechende Vorgänge, Bewegungen und Ereignisse im Träumer selbst, d. h. sie spiegeln eine Dynamik in seiner Psyche.«[56]

---

56 Adam KU (2006) Therapeutisches Arbeiten mit Träumen. Springer, Heidelberg, S. 136

3. Vorlesung
Erleben des Traumes

Neben dem psychodynamischen Zugang, wie er klassischerweise von Freud und Jung vorgetragen wurde, kann man sich dem Traum fragend nähern, um ihn zu explorieren und ein erstes szenisches Erleben im Träumer anzuregen.

Erste Fragen können sein, »Was ist denn die Szene, die der Traum zeigt?«, oder »Wie ist die Atmosphäre im Traum?« Auf diesem Weg öffnet der Träumer verschiedene Sinneskanäle, und lässt den Traum als Ganzes auf sich wirken.

Weiter kann der Träumer befragt werden, ob es ein Traum-Ich gibt, und wie dessen Position zum und/oder im Traum ist? Kommt der Träumer selbst als Subjekt im Traum vor, also träumt der Träumer sich selbst im Traum, oder steht er außerhalb und beobachtet seine Traumszene oder seine Traumfiguren?

Wirkt die Traumszene archaisch, ist sie von Symbolen und Bildern geprägt? »Symbole haben mindestens einen Doppelsinn: sie verschleiern und offenbaren, verbergen und enthüllen, sind regressiv und progressiv, erinnern und entwerfen; im Symbol ist Reminiszenz und Antizipation, Erinnerung und Erwartung zu finden. Auch daran wird deutlich, dass Symbole Ausdruck der [Jung'schen] Komplexe sind und dass ihnen eignet, was auch den Komplexen eignet.«[57]

---

57 Kast V (2012) Träume. Die geheimnisvolle Sprache des Unbewussten. Patmos Verlag, Ostfildern, S. 78

Erste Schritte der handlungsorientierten Traumdeutung

Geht man mit dem Träumer in der Aktivierung einen Schritt weiter als die oben genannten Fragen an den Traum, eröffnet sich das Feld der Handlung. So kann man mit dem Träumer eine Landkarte der Traumelemente aufstellen, entweder mit Intermediärobjekten (Symbolen, Stühlen, Tüchern, Klötzen) oder im Gruppensetting mit Personen. Es entsteht so auf einer Bühne der geträumte Raum. Einleitend kann der Therapeut fragen:»Was ist alles im Traum?« Personen, Gegenstände, Aussagen, Gedanken, Gefühle. Bei der aufgestellten Traumlandschaft kann danach z. B. auf die Energieverteilung zwischen den verschiedenen Elementen geachtet werden, oder es wird die Atmosphäre in den verschiedenen Traumbereichen erkundet. Der Traum wird dazu abwechselnd aus Innenperspektive (eigenes Erleben in der Traumlandschaft) und aus der Außenperspektive, im Psychodrama aus der Spiegelposition betrachtet. Wenn das Traum-Ich ein *beobachtendes* ist, bildet die Spiegelposition das Traumerleben nach; wenn der Träumer sich selbst im Traum als Subjekt geträumt hat, sein Traum-Ich also Teil der Traumhandlung oder -szene ist, kann man dem Träumer hier einen ersten Rollenwechsel mit dem Traum-Ich vorschlagen.»Können Sie bitte einmal Ihre Rolle im Traum einnehmen?« Damit verlässt der Träumer die beobachtende Position und erlebt den Traum aus einer Innenperspektive.

In der Exploration der Traumlandschaft kann der Träumer nach Assoziationen zu den einzelnen Traumelementen befragt werden. Hier können drei unterschiedliche Assoziationsebenen unterschieden werden: die subjektive, die intersubjektiv-dialogische und die kollektive Bedeutungsebene von im Traum aufscheinenden Personen und Symbolen.

3. Vorlesung: Erleben des Traumes

Der kollegiale Dialog

Eine weitere Möglichkeit, mit dem Traum in Kontakt zu kommen, stammt von Schmid und Günter[58], der kollegiale Dialog mit einem Traum. Dabei handelt es sich um ein strukturiertes Vorgehen in vier Teilschritten:

1. Der Therapeut interviewt den Träumer zunächst in der Gesamtgruppe zum Traumgeschehen. Damit wird eine innere Bühne beim Träumer, dem Therapeuten sowie den zuhörenden Gruppenteilnehmern eröffnet. Diese Interviewphase dient dazu, die Traumszene möglichst detailliert und nachvollziehbar zu erzählen, ohne dass die dabei innerlich entstehende Szene durch mögliche Interpretationen durch den Therapeuten gestört wird.
2. Nach dieser Traumerzählung werden Zweiergruppen gebildet. Diese Paare tauschen sich über das Gehörte aus. Mögliche Gesichtspunkte können z. B. sein: »*Welche Wirklichkeit mit welcher Stimmung und welchen Impulsen entsteht beim Zuhören? Gibt es spontane Fragen, Kommentare oder Empfehlungen, die Ausdruck impliziter Deutungen und Neigungen sind, intuitiv Konsequenzen für den Träumer zu ziehen?*«[59] Die Ideen können dabei kreativ entstehen und durchaus spekulativen, assoziativen Charakter haben.
3. Anschließend berichten die Paare in der Gesamtgruppe über ihr Gespräch. Diese kurzen Berichte sollen dabei nicht den Charakter von Deutungen annehmen, sondern nur als eigene, persönliche Wirklichkeiten referiert werden. Der Träumer pickt sich das für ihn Interessante heraus.
4. Als letzten Schritt befragt der Therapeut den Träumer zu seinen Ideen und Reaktionen auf das Gehörte. Der ganze Prozess ist in etwa einer Stunde abgeschlossen.

---

58 Schmid B, Günter A (2012) Systemische Traumarbeit. Der schöpferische Dialog anhand von Träumen. Vandenhoeck & Ruprecht, Göttingen, S. 62
59 ebenda

Der nachgespielte Traum in der handlungsorientierten Psychotherapie

»Wenn es gelingt, uns den Traum noch einmal imaginativ vorzustellen – und das bedeutet nicht nur, dass wir Bilder sehen, sondern dass wir auch etwas riechen, schmecken, hören, berühren, spüren können –, dann wird der Traum so richtig lebendig. Das bedeutet zum einen, dass wir die Emotionen, die mit dem Traum verbunden sind, noch einmal, vielleicht sogar deutlicher als während des Träumens selbst, erleben können, zum anderen, dass der Traum sich auch etwas verändert und dass bereits die ersten Verknüpfungen, die zu einer Deutung des Traumes führen, gemacht werden.«[60]

Kast beschreibt hier ein Phänomen, welches sich das Psychodrama von jeher zu eigen macht: Die Erlebnisqualitäten des Traumes werden noch einmal auf der Bühne erlebbar gemacht.

Traum im Psychodrama

Moreno formuliert in seiner Autobiographie provokant und etwas selbstgefällig rivalisierend:»Nun, Dr. Freud, ich beginne dort, wo Sie aufhören, ... Sie analysieren ... Träume. Ich gebe ihnen [den Menschen] den Mut, wieder zu träumen. Sie analysieren sie und reißen sie in Stücke. Ich lasse sie ihre konflikthaften Rollen ausagieren, und helfe ihnen, die Teile wieder zusammen zu fügen.«[61] Ein Körnchen Wahrheit steckt bei aller Provokation darin, wenn man den Gesichtspunkt betrachtet, dass in der psychodynamischen Therapie mit dem Traum als Material gearbeitet wird, während im Psychodrama der Traum vom Träumer zunächst szenisch noch einmal belebt, also nach außen gebracht, und zuweilen auch weiterentwickelt wird.

Die innere Aktivität des Träumers im Schlaf wird als Traum erinnert. Damit liegt zunächst der manifeste Traum vor, der im Psychodrama wie anderes lebensgeschichtliches oder kulturelles »Material«, z. B. eine

---

60 Kast V (2012) Träume. Die geheimnisvolle Sprache des Unbewussten. Patmos Verlag, Ostfildern, S. 39 f.
61 Moreno JL (1995) Auszüge aus der Autobiografie. InScenario, Köln, S. 65

3. Vorlesung: Erleben des Traumes

Szene aus dem Leben oder ein Märchen, als Grundlage für eine szenische Darstellung verwendet wird. Träume müssen also im Psychodrama zunächst nicht verstanden oder gedeutet werden. Sie werden als impulsgebendes oder handlungsleitendes Arbeitsmaterial aus der Traumwelt als einer Parallelwirklichkeit herausgeholt und wie ein Theaterstück auf der Bühne genutzt. Während die psychodynamischen Therapien das innere Bild in Worte übersetzt, legt das Psychodrama zunächst eine Übersetzung der Bilder in eine Szene vor, die im Anschluss an die szenische Darstellung in einer Nachbesprechungsphase durch Worte angereichert wird.

> »In einer psychodramatischen Traumarbeit sagen wir zum Protagonisten: ›Erzähl den Traum nicht, sondern spiele ihn durch.‹ Wir meinen das nicht nur oberflächlich. Lass den Patienten zu Bett gehen. Lass ihn jedes Detail nachspielen: Hier ist mein Bett; es ist Nacht, ich mache mich fertig, um zu Bett zu gehen. Die Konkretisierung der Situation bewirkt etwas (...) Der Patient geht zuerst in die Rolle des Schlafenden, ehe er ein Träumender sein kann. Es war eine ziemlich Revolution, als wir anfingen Träume zu bearbeiten, nicht indem wir sie nur analysierten, sondern indem wir darauf bestanden, dass der Patient zuerst ein Schlafender wird. Wir versuchen den natürlichen Prozess des Lebens zu wiederholen, anstatt [ihn] auf unverbundene Art und Weise lediglich zu analysieren. Dies ist die Konkretisierung der Situation, in der der Traum gezeigt wird im Hier und Jetzt.«[62]

Der Rahmen der Traumhandlung ist fast (siehe Varianten) allen psychodramatischen Traumvarianten gemein: Dazu gehören gleich zu Beginn die Einrichtung des Ortes, an dem der Traum geträumt wurde, sowie das Abfragen der letzten Momente, bevor der Träumer in den Schlaf fällt, so wie es auch in der psychodynamischen Traumdeutung wesentlich ist, nach dem Tagesrest zu fragen.

Wurde der Traum z. B. im Bett geträumt, wird kurz das Schlafzimmer exploriert, ein Bett eingerichtet, in das sich der Traumerzähler dann auch hineinlegt. Im Bett liegend wird er vom Therapeuten befragt, wer sich noch im Zimmer befindet, in welcher Stimmung er ins Bett gegangen ist, welche Gedanken ihm noch vom Tag oder der Woche nachhängen etc. Im Bett beginnt und endet die Traumdarstellung. Dies hilft dem Träumer, sich klarer auf die Traumwirklichkeit einzulassen. Der Träumer verlässt

---

62 Moreno JL (1969) Psychodrama. Volume III. Beacon House, Beacon NY, S. 157

zunächst die Alltagswirklichkeit (Real-Life-Bühne) und begibt sich in eine therapeutische Wirklichkeit (Beziehungsbühne), dann verlässt er die therapeutische und begibt sich in die Bühnenwirklichkeit (Bühne der Szenen). Innerhalb der Bühne begibt er sich durch das »Tor« des Bettes in die Traumwirklichkeit (Szene 2.Ordnung). Am Ende geht er den ganzen Weg wieder zurück (▶ Abb. 6).

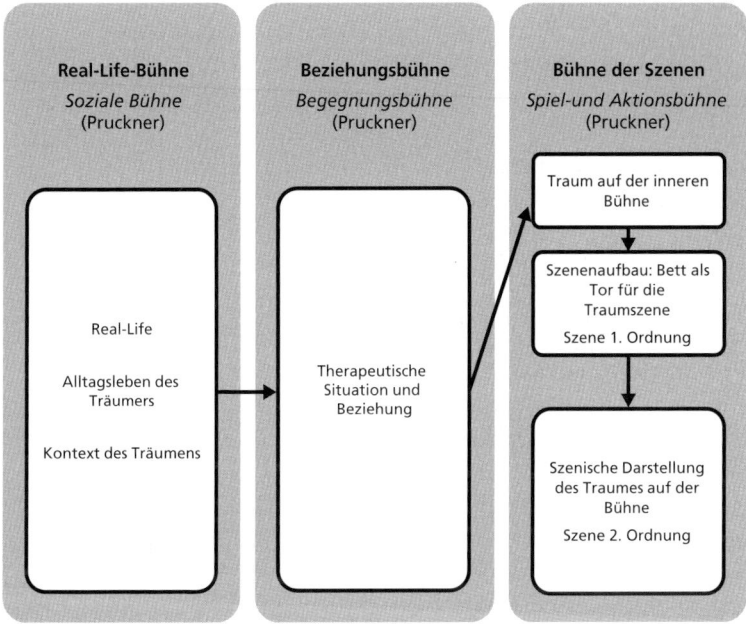

Abb. 6: Bühnen der psychodramatischen Traumarbeit[63]

---

63 Zur Systematik der Bühnen vgl. Baumann B, Stadler C (2012) Psychodrama in der zweiten und dritten Dimension. Die Wandbühne im psychodramatischen Coaching. Zeitschrift für Psychodrama und Soziometrie 11(2), 228ff, DOI: 10.1007/s11620-012-0156-7, und Pruckner H (2012) Das Modell der drei Arbeitsbühnen. Theoretische Grundlagen und praktische Umsetzung in der psychodramatischen Einzeltherapie. Zeitschrift für Psychodrama und Soziometrie 11(2), 239–254, DOI: 10.1007/s11620-012-0148-7

3. Vorlesung: Erleben des Traumes

Ebenso wesentlich wie der Bühnenwechsel und das »Tor des Traumortes« ist es, dass der Protagonist in seinem Traumspiel alle Traumelemente auf die Bühne bringt. Die Bestandteile des Traumes werden als Rollen mit Personen besetzt und im Laufe der szenischen Darstellung tauscht der Protagonist mit den wichtigsten Traumelementen nacheinander die Rolle, wobei er nach jedem Rollentausch zunächst in die eigene Rolle zurückwechselt, bevor er den nächsten Rollentausch vornimmt. Bei den Traumbestandteilen respektive Rollen spielt es keine Rolle, ob es Menschen, Tiere, Einrichtungsgegenstände oder Landschaften sind, die im Traum vorkommen. Ein Träumer erzählt z. B. in einer Gruppe von einem Traum, in dem »nur« ein großer schwarzer Vogel vorkam. In diesem Fall könnte man den Vogel mit mehreren Gruppenteilnehmern besetzen, einer übernimmt die Rolle des Kopfes, einer den Schnabel, zwei die Flügel etc. In der Exploration dieser Bestandteile kann der Träumer sich seine innere Traumwelt erschließen.

Die psychodramatische Traumarbeit beinhaltet drei Sachverhalte: »Zum einen wird der Tagesrest (Befindlichkeit, Gedanken und Traum-Ort) wieder mit in das Traumbewusstsein gerufen, und somit für den Protagonisten ein Bezug zu seiner Alltagswirklichkeit hergestellt. Damit wird eine Gefahr umgangen [...], dass nämlich im therapeutischen Kontext die Traumwirklichkeit von Patienten für interessanter erachtet werden könnte wie die Alltagswirklichkeit. Genau dieser Übergang von Alltags- in Traumwirklichkeit und zurück wird im Psychodrama szenisch verarbeitet [...]. Zum zweiten erlebt der Protagonist eine objektstufige Traumerinnerung: Gegenstände und Personen des Traumes sind auf der Bühne durch andere Menschen vergegenwärtigt. Durch diese Verlagerung des Subjektiven des Traumes in die objektive Welt des Gegenübers wird eine objektstufige Deutung unterstützt.

Und schließlich erhält der Protagonist durch den Rollenwechsel mit diesen Objekten noch das subjektstufige Traumbewusstsein hin zu, indem er sich das Äußerlich-Gewordene wieder aneignet. Damit wird gewährleistet, was mit Kemper unter Traumdeutung verstanden werden kann, nämlich ein Prozess, in dem ›dem Träumer der Zugang eröffnet wird zu etwas, dem er, obwohl es sein eigenes Werk ist, wie ein Fremder verständnislos gegenüber steht. Die Deutung soll ihm etwas ihm Gehöriges, aber Unzugängliches (wieder) zugänglich machen. Das bedeutet, sie soll dem Träumer zur Reintegrierung eines Persönlichkeitsanteils verhelfen, der von ihm selbst, als zu fremdartig empfunden, nicht angenommen wurde und nur in das ›Draußen‹ seines Traumes projiziert zur Kenntnis genommen werden kann‹. (Kemper 1983, S. 185)

Dem Protagonisten steht seine eigene Traumwelt räumlich auf der Bühne gegenüber und er kann sie erkunden.«[64]

Mithilfe der psychodramatischen Traumarbeit erschließt sich der Träumer zum einen die Subjektstufe, zum anderen werden der Tagesrest und die Objektstufe mit einbezogen. Leutz ergänzt diese Sicht durch den Handlungsinhalt: durch die szenisch-handelnde Darstellung auf der psychodramatischen Bühne kommt neben der Subjekt- und der Objektstufe der Handlungsinhalt zum Vorschein. In diesem fallen der manifeste und der latente Trauminhalt zusammen[65]. Durch das szenische Handeln auf der Bühne findet damit eine Umkehr der Freud'schen Traumarbeit statt. »Durch Rollentausch mit den verschiedenen Traumfiguren holt der handelnde Protagonist ... ganzheitlich in sich zurück, was die Traumarbeit im analytischen Sinne auf einzelne Figuren verschoben hat, bzw. erlebt er die Gegensätze und Widersprüchlichkeiten, die sich in der einen oder anderen Traumfigur verdichtet haben. ... Es verwundert von daher nicht, dass Psychodrama mit spielerischer Leichtigkeit die intrapsychische Wirklichkeit des Traumes über dessen Konkretisierung und Fortsetzung in extrapsychische Realität zu verwandeln vermag.«[66]

Der Traum in der Gruppe auf Subjekt- und Objektstufe

In der folgenden Darstellung der szenischen Umsetzung eines Traumfragments (Elenas Traum) wird deutlich, wie in einem psychodramatischen Traumspiel in der Gruppe die Subjekt- und die Objektstufe und das Spiel über die Traumwirklichkeit hinaus ergiebig sein können. Die Protagonistin nimmt im Spiel die Rollen der Traumbestandteile (Personen und Gegenstände) selbst ein; durch diesen Rollenwechsel wird

---

64 Stadler C (2009) Träume handelnd ergründen – psychodramatische Traumarbeit. Dynamische Psychiatrie. Internationale Zeitschrift für Psychotherapie, Psychoanalyse und Psychiatrie 42 (233/234), S. 207 f.
65 Leutz GA (1986a) Psychodrama. Springer, Heidelberg, S. 127
66 Leutz GA (1986b) Psychodramatische Traumbehandlung. Praxis der Psychotherapie und Psychosomatik 31, S. 42

3. Vorlesung: Erleben des Traumes

die Subjektstufe in ihr zum Klingen gebracht. Es handelt sich dabei nicht nur um menschliche Rollen. Die unbelebten Bestandteile werden beseelt und zum Sprechen gebracht. So können »die auf der Subjektstufe des Traumes vom Subjekt der Träumerin abgespaltenen, abgetöteten, verstaubten Teile ihrer selbst während des Psychodramas durch sie selbst belebt werden.«[67] Alles, was im Traum stattfindet und auf der inneren Traumbühne der Protagonistin vorhanden ist, ist ein Anteil der Protagonistin. Dies wird analog auf der äußeren Bühne der Szenen mithilfe von Mitspielern und Rollenwechseln sichtbar gemacht: Alles, was dann auf der Bühne der Szenen zu sehen ist, ist Teil der inneren Welt des Protagonisten: Ihre innere Welt ist draußen (»inner world outside«[68]).

Elenas Traum

> Die 30-jährige Gruppenteilnehmerin Elena erzählt in der Selbsterfahrungsgruppe von einem zurückliegenden Traum. Es handelt sich um einen Wiederholungstraum in ihrer Adoleszenz, etwa zwischen dem 10. und dem 17. Lebensjahr. Sie ist zum Zeitpunkt des im Folgenden dargestellten Traumes etwa 15 Jahre alt, und lebt zusammen mit ihrer Mutter und ihrem Halbbruder in einer gemeinsamen Wohnung.

Die Teilnehmerin wird gebeten, sich auf der Psychodrama-Bühne ein Bett einzurichten (Isomatte, Decke, Kopfkissen) und sich dort niederzulegen. Sie liegt im Bett, stellt sich vor ihrem inneren Auge die damalige Lebenssituation vor und erzählt davon.

Da es sich bei dem Traum der Teilnehmerin um keinen aktuellen Traum handelt, sondern um einen in der Vergangenheit liegenden Wiederholungstraum, wurde vom Therapeuten statt dem Tagesrest die damalige Lebenssituation erfragt.

> *Sie erzählt, dass sie sich in der Wohnung ihrer Mutter befinde; es habe immer viel Streit gegeben, vor allem zwischen ihrem Halbbruder und*

---

67 Leutz GA (1986a) Psychodrama. Springer, Heidelberg, S. 124
68 Holmes P (1992) The inner world outside. Object relations theory and psychodrama. Routledge, London

Der nachgespielte Traum in der handlungsorientierten Psychotherapie

ihrer Mutter. Aber auch zwischen ihr und ihrer Mutter habe es heftige Spannungen und Auseinandersetzungen gegeben: »Es war besser, wenn wir nicht so nah waren.«

Der Therapeut hat sie daraufhin gebeten, sich nun vorzustellen, dass sie langsam einschlafe und dabei das Traumbild in sich entstehen lasse. Sobald sich das Bild eingestellt habe, solle sie es schildern.

Elena (E) erzählt den Traum: »Ich bin in der Wohnung meiner Großeltern. Außer mir ist niemand da. Ich bin allein, es ist ganz still. Und es ist hell.«

Therapeut (Th): »Kannst du jetzt bitte aufstehen, das Bett auf die Seite räumen und bitte hier auf der Bühne zeigen, wie die Wohnung deiner Großeltern aussieht.«

Die Teilnehmerin wird in die Traumwirklichkeit geführt und es wird alles so gespielt, als ob es im Hier und Jetzt stattfinden würde, damit die zum Traum gehörigen Affekte deutlicher erlebbar werden.

E: *»Es gibt hier ein Wohnzimmer, das Zimmer meines Onkels (Bruder der Mutter), das Zimmer meiner Oma (Mutter der Mutter) und den Flur. Den Flur kann ich gut erinnern, der war immer dunkel, da habe ich mich nicht wohl gefühlt. Die anderen Zimmer, also das Wohnzimmer und das Zimmer meines Onkels, waren sehr hell, da waren sehr große Fenster. Da war noch die Küche, aber das ist im Traum nicht wichtig, und am Ende des Flures war die Wohnungstür zum Treppenhaus. Dort waren ein Aufzug, der nicht funktionierte, und das Treppenhaus. Die Wohnung liegt im achten Stock.«*

Th: *»Wie ist es hier in der Wohnung eingerichtet?«*

E: *»Die Wohnung ist total leer. Es sind keine Menschen da, aber auch keine Einrichtung, keine Möbel, nichts. Es ist total still und sehr hell; draußen scheint die Sonne, die fällt durch die großen Fenster. Die Wohnung liegt im 8. Stock eines Hochhauses. Ich gehe durch die Wohnung und höre nur meine eigenen Schritte.«*

Th: *»Du sagst, es ist die Wohnung deiner Großeltern. Kannst du bitte einmal Gruppenteilnehmer wählen, die deine Großeltern spielen können, und auch jemand für deinen Onkel und zwei Personen für die großen Fenster.«*

E: *»Der Opa ist da schon tot. (An einen Gruppenteilnehmer gerichtet:) Karl, kannst du bitte meinen Opa spielen?«* Sie wählt

3. Vorlesung: Erleben des Traumes

> *außerdem Elisabeth als ihre Oma und Hans als ihren Onkel. Als das Wohnzimmerfenster wählt sie Andreas, und als das Fenster im Zimmer des Onkels Sabine.*
>
> *Sie stellt die beiden Fenster mit Blickrichtung nach draußen auf, setzt die Oma außerhalb der Wohnung neben ihr Zimmer, den Onkel neben seines und den Opa weit abseits mit Blick auf die Wohnung.*

Die drei Personen leben zum Zeitpunkt des Traumes nicht mehr und kommen in der eigentlichen Traumhandlung nicht vor, daher werden sie von der Protagonistin dem Gefühl nach in der Traumlandschaft verortet. Hier ist schon das psychodramatische Element des »Über-die Realität-hinaus-Spielens« erkennbar.

Th: » *Wo bist du jetzt im Traum?«*
E: » *Ich laufe hier durch die Wohnung. Es ist niemand da. Ich muss hier raus, ich halte es nicht mehr aus, es ist so still und es ist keiner da. Ich habe das Gefühl, das ganze Haus ist leer«.*

> *Sie geht zur Wohnungstür hinaus, das Treppenhaus hinunter bis zur Haustür, einer Stahlhochsicherheitstür, die verschlossen ist und nur mit Sicherheitscode und Schlüssel zu öffnen ist. Auf die Frage des Therapeuten, wer aus der Gruppe die Tür darstellen könne, wählt sie Werner als Hochsicherheitshaustür und stellt ihn mit dem Blick nach draußen, zur Straße hin auf.*
> *Im Rollentausch*
> *mit der Tür erzählt E:* »*Ich bin eine moderne Hochsicherheitsstahltür. Ich sorge dafür, dass hier niemand hinauskommt (sic!).«*

Th: »*Du bietest auch Schutz, dass hier niemand Unbefugter in das Haus hineinkommt?«*
Haustür (E): »*Ja schon, aber vor allem kommt hier niemand einfach so hinaus.«*

In einer Variante der Traumdeutung kann sich der Träumer fragen, was seltsam im Traum ist, was man in der Szene und Handlung nicht erwarten würde. Dies hier ist eine solche Stelle: Die Tür dient nicht zum Schutz vor einem unbefugtem Eindringling, sondern sie sorgt wie in einem Ge-

Der nachgespielte Traum in der handlungsorientierten Psychotherapie

fängnis oder einer geschlossenen Station dafür, dass die eingesperrte Person nicht herauskann.

Wieder in der eigenen Rolle erzählt E:	»*Ich versuche erst gar nicht, die Tür zu öffnen, ich weiß, dass sie zu ist und dass sie nicht aufgeht. Es ist einfach sinnlos. Ich gehe dann das Treppenhaus wieder hoch. Im ganzen Haus ist niemand, ich habe das Gefühl, dass das ganze Hochhaus leer ist. Ich gehe wieder hoch und wieder runter und weiß, dass ich alleine bin. So als ob man mich vergessen hätte.*«
Th:	»Kannst du bitte mal eine Person für dieses Haus, also für das ganze leere Haus wählen?«

E wählt Gertrud als leeres Haus und stellt sie gegenüber (!) der Wohnung mit Blickrichtung auf das Haus auf.

Im Rollentausch als leeres Haus sagt E:	»*Ich bin beängstigend, bedrohlich. Ich bin so fest, starr und innen leer, wie leblos. Neben mir steht ein ähnliches Haus wie ich; wir sind die zwei einzigen Hochhäuser hier in der Stadt, aber ich ahne, dass in dem anderen Haus innen mehr Leben ist als in mir.*«

Sowohl E als auch die Rollenträgerin für das leere Haus werden an dieser Stelle traurig.

Hier erlebt die Protagonistin den Traum unmittelbar auf der Subjektstufe. In der Rolle des leeren Hauses spürt sie die innere Leere, wie sie das Haus leer erlebt hat. Das Haus ist in dem Moment innen leer und die Träumerin oder das 15-jährige Mädchen hat sich damals vielleicht auch innerlich leer und verlassen gefühlt. Auch die Rollenspielerin Gertrud wird in der Rolle des leeren Hauses von dem starken Affekt ergriffen und beginnt sehr traurig zu werden. Im Psychodrama wird dieses Erreichen der subjektstufigen Erfahrung an dieser Stelle der Protagonistin nicht deutend mitgeteilt wie etwa in den psychodynamischen Therapien; vielmehr wird auf den an dieser Stelle entstehenden inneren Prozess vertraut. Die Protagonistin kommt mit einem Affekt in Berührung, den sie vermutlich als 10- bis 17-Jährige aufgrund der Stärke des Gefühls nicht

3. Vorlesung: Erleben des Traumes

ausreichend wahrnehmen und verarbeiten konnte. Das Gefühl des Alleinseins und der inneren Leere waren für die 15-jährige Elena zu heftig. Die Protagonistin kann im Schutzraum des Traumes und im wahren zweiten Mal des Psychodrama-Spiels (Semi-Realität) die Leere und das Alleinsein noch einmal erleben. Sie wird heute im Rollenspiel nicht mehr von den Gefühlen überwältigt, sondern entwickelt an dieser Stelle einen inneren Selbstheilungsprozess. Sie geht aktiv handelnd mit den verschiedenen Anteilen um. Durch den Rollentausch werden auch die außen erlebten Anteile als eigene erlebbar.

Eine weitere Besonderheit ist, dass die Protagonistin die Rollenspielerin des leeren Hauses gegenüber der Wohnung aufgestellt hat. Auch die durch das Unbewusste gesteuerte Szeneneinrichtung macht manchmal etwas deutlich, was dem Bewusstsein der Protagonistin nicht zugänglich ist. Das Haus wird von der Protagonistin außerhalb von sich selbst aufgestellt. Die Wohnung ist damit nicht im Haus, sondern gegenüber, so als ob ein eigener Anteil, das Herz oder die Seele, nicht zu Hause, im Körper ist. Objektstufig könnte das verstanden werden, als ob die Mutter für das kleine Mädchen nicht da ist, subjektstufig, dass es sich um eine dissoziative Episode handeln könnte: Die Protagonistin erlebt einen Teil von sich außerhalb der eigenen Person.

Die Protagonistin ist wieder in ihrer eigenen Rolle und wird vom Therapeuten gebeten, mit noch anderen im Traum bedeutsamen Rollen einen Rollentausch vorzunehmen.

Im Rollentausch mit der Oma: »Ich spüre hier kein Gefühl. Ich passe auf Elena auf, aber Mitgefühl mit ihrer Lage habe ich eher nicht. Aber, wenn sie hier in der Wohnung ist, kann ihr auf jeden Fall nichts passieren. Ich habe das Gefühl, es ist alles in Ordnung.«

Th: »Kannst du bitte mal einen Rollentausch mit einem Fenster machen und schildern, was du da siehst?«

Andreas übernimmt die Rolle von der 15-jährigen Elena, und Elena geht in die Rolle des Wohnzimmerfensters.

Elena in der Rolle des Wohnzimmerfensters: »Ich habe hier einen weiten Blick über die ganze Stadt, es gibt nicht viele Hochhäuser. Man sieht die ganzen Häuser und Dächer in der Sonne liegen. Ich sehe auch dahin, wo die Eltern von Elena wohnen, in einem kleinen Haus in der Stadt, etwa zehn Minuten entfernt. Die Eltern sehe ich aber nicht von hier. Von hier habe ich auch das Gefühl, dass die ganze Stadt leer ist, es ist aber nicht beängstigend.«

Nun beginnt Andreas (in der Rolle von Elena) die Wohnung zu verlassen, das Treppenhaus nach unten zu gehen, an der Haustür zu rütteln. Dann läuft er wieder hoch und wieder runter. Andreas spielt Elenas Rolle ein bisschen stärker, als Elena dies selbst getan hatte, vor allem macht er den Affekt etwas deutlicher. Er spiegelt Elena ihren Affekt in markierter Form. So spricht er z. B. etwas betonter vor sich hin: »Ich bin hier GANZ ALLEIN. NIEMAND ist da.« Auch die Handlungen werden etwas stärker betont, so rüttelt er als Elena z. B. unten an der Haustür und steht nicht nur abwartend davor. Dies führt dazu, dass sich das Wohnzimmerfenster (Elena) umdreht und sich der 15-jährigen Elena (Andreas) zuwendet.

Das Wohnzimmerfenster dreht sich um und schaut damit nach innen zu Elena: »Ich möchte dir helfen.«

Elena tauscht in ihre eigene Rolle zurück und antwortet dem Fenster: »Das ist jetzt schon viel besser. Da ist jemand, der mich anschaut.«

Nach einem erneuten Rollentausch: Wohnzimmerfenster (Elena) zu sich selbst: »Es fühlt sich auch hier besser an.« Und zu Elena: »Ich kann dir keine aktive Hilfe geben, ich kann nichts für dich tun, aber ich kann da sein und dich anschauen.«

Elena zurück in ihrer eigenen Rolle: »Das ist gut, dass jemand da ist, der mich anschaut, ... sieht, dann bin ich nicht mehr so allein. Da fühle ich mich gleich viel besser.«

Hier erlebt die Protagonistin den Traum auf der Objektstufe. Die 15-Jährige war allein mit ihrer Not, selbst die Objekte (Fenster, Türen) hatten sich abgewendet. Auch an dieser Stelle entstand in dem Traumspiel eine Szene von großer emotionaler Dichte. Sowohl der Affekt der Protagonistin wurde deutlich(er), die Trauer, Verzweiflung und die Sehnsucht nach einem Objekt, und sei es ein Fenster, als auch der gewünschte komplementäre Affekt des Objekts, die »Zu-Wendung«, der Blick. Auf der Subjektstufe war die Wohnung bzw. das Haus das Symbol für das eigene Selbst, auf der Objektstufe ist die Wohnung das Symbol für das frühe (groß-/elterliche) Objekt. Vielleicht zeigt sich in der Wohnung ein Körper/Kopf mit den zwei Augen (Fenster), die das kleine hilflose Kind anblicken und es spiegeln. Die Protagonistin erlebt in dieser Sequenz aber nicht nur den eigenen Wunsch, sondern auch etwas von der emotionalen Wahrheit ihrer Eltern bzw. Großeltern (frühe Objekte), die zwar helfen möchten, aber es nicht können, weil sie selbst innerlich leer

3. Vorlesung: Erleben des Traumes

sind. Zu einem späteren Zeitpunkt der Selbsterfahrungsgruppe, als Elena in einer Spielsequenz einer anderen Gruppenteilnehmerin ein Gespräch einer Frau mit einer anderen Frau, die an Krebs leidet, mit anhört, beginnt sie zu weinen. Bei dem Gespräch geht es um das Thema Abschied. Elena sagt in der Nachbesprechung dieses Traumspieles, dass ihr eigener Vater an Krebs gestorben war, als sie 12 Jahre alt war. Ohne dass dies noch einmal explizit thematisiert wurde, erhielt Elena eine zusätzliche Information über den Grund für das eigene geträumte »leere Haus«. Krankheit und Tod hatten in ihrer Familie und besonders in ihr für eine leblose Stille gesorgt.

Außerdem ist die Interaktion zwischen Wohnzimmerfenster und Elena eine neue Szene, die über den eigentlichen, also den geträumten bzw. erinnerten Traum hinausgeht. Der erinnerte Traum endete in der Verzweiflung in der Wohnung. Im psychodramatischen spontanen Weiterspielen von Elena in der Rolle des Wohnzimmerfensters dient der Traum »nur noch« als psychodynamisches Ausgangsmaterial, das Elena hilft, sich progressiv in der Szene weiterzuentwickeln. Sie verschafft sich selbst in der Als-ob-Realität der Bühne eine heilende Begegnung.

> *Das Traumspiel wird beendet, indem die Traumszene von der Bühne abgeräumt wird und Elena sich wieder in das Bett legt und den Traum langsam zu Ende gehen lässt. Danach folgt das Rollenfeedback der Hilfs-Iche, die in Elenas Traum Rollen übernommen hatten.*
>
> *Rollenfeedback der Hochsicherheitstür (Werner): »Ich war absolut zu, und ich habe Elena, als sie hinter mir im Hausflur stand, nicht einmal gespürt. Ich wusste nicht, dass sie da war. Als dagegen Andreas im Rollentausch die Rolle von Elena spielte, hatte ich Sorge, dass er mich eintritt, dass ich jetzt von hinten Schläge bekomme, bis ich öffne.« Die emotionale Bedrohung für die Tür war durch die Rolleneinnahme eines anderen Gruppenteilnehmers deutlicher spürbar. Durch das Spiel konnte der Affekt der Verzweiflung und der Wut der Protagonistin deutlicher gezeigt werden.*
>
> *Rollenfeedback des Wohnzimmerfensters (Andreas): »Ich war ein großes Fenster und habe für Licht gesorgt. Es war schön, dass die Sonne da draußen auf die Dächer der Stadt schien. Was hinter mir war, habe ich nicht mitbekommen.«*
>
> *Rollenfeedback von Andreas in der Rolle von Elena: »Ich geriet, je länger ich in der Wohnung und im Treppenhaus war, immer mehr in*

Der nachgespielte Traum in der handlungsorientierten Psychotherapie

> *Angst und Panik. Viel hätte nicht gefehlt und ich hätte die Tür eingeschlagen. Ich musste einfach an der Haustür rütteln, ob sie nicht doch aufgeht, obwohl Elena (die Protagonistin) dies in der Rolle so nicht vorgemacht hatte. Diese Stille und Helle und das Alleinsein haben mich ganz wahnsinnig gemacht. Es war eine solche Erleichterung, als sich wenigstens das Fenster zu mir gedreht hat und mich angeschaut hat.«*

In diesem Rollenfeedback wird noch ein anderer Aspekt sichtbar, die Verzweiflung darüber, dass sich etwas/jemand nicht öffnet, und der Impuls, dies gewaltsam zu erwirken. Ob dies subjekt- und/oder objektstufig zu verstehen ist, obliegt der Protagonistin.

> *Rollenfeedback der Großmutter (Elisabeth):* »*Ich war ja nicht in der Wohnung, aber ich wusste, dass Elena in der Wohnung nichts passieren kann. Ich habe mir schon ein bisschen Sorgen um sie gemacht, also ich habe eigentlich Mitleid mit ihr gehabt.«*
> *Rollenfeedback des Onkels (Hans):* »*Ich war nicht in der Wohnung. Irgendwie war ich damit beschäftigt, mich zu fragen, ob ich irgendwie schuld bin an Elenas Zustand, ob ich etwas damit zu tun habe.«*

Durch das Traumspiel mit den verschiedenen Rollentauschen und den anschließenden Rollenfeedbacks wird der Traum angereichert, sowohl auf der Subjekt- als auch auf der Objektstufe. Außerdem wurden im Weiterspielen ein Bewusstwerdungs- und ein innerer Selbstheilungsprozess in der Protagonistin in Gang gesetzt.

> *Auf der Heimfahrt nach dem Selbsterfahrungswochenende denkt sich Elena[69], ob sie selbst das leere Haus ist und ob sie sich selbst damals so von der Welt abgegrenzt hat. Es bleibt ein vages Gefühl:* »*Keine Ahnung. Ich habe dann auf jeden Fall nur so ein Gefühl gehabt, dass ich ein Teil von diesem Haus bin.«*

Durch dieses Feedback der Protagonistin ein paar Tage später wird deutlich, dass das Erreichen der Subjektstufe über das psycho-

---

69 Mündliche Mitteilung der Protagonistin

dramatische Traumspiel sehr subtil geschieht. Durch das persönliche Erleben des Subjektanteiles der Rollen wird gewährleistet, dass die Protagonistin nur so viel in sich aufnimmt, wie sie verkraften kann. Es wird dadurch keine neue Abwehrreaktion provoziert.

> **Das Verhältnis des Träumers zum Traum**
>
> Im Traumbeispiel Elenas Traum ist Elena selbst die Träumende und die Geträumte, die Schöpferin ihres Traumbildes und die Beobachterin im Traum. Sie nimmt so etwas wie eine auktoriale Ich-Form des Erzählens ein.
> Im Zusammenhang mit dem Traum und der Traumarbeit sind unterschiedliche Rollen möglich. Im Traum kann der Träumer außerhalb des Bildes stehen (Beobachter: »Ich sehe eine Szene ...«), oder er kann erlebender Teil des Traumbildes sein (»Ich kann fliegen ...«). In beiden Fällen besteht neben der Traumebene (Wirklichkeit 2. Ordnung) die alltagsweltliche Ebene (Wirklichkeit 1. Ordnung); bezieht man beide Ebenen ein, gibt es neben der Traumrolle noch die Rolle des Traumschöpfers. »Auch wenn allein der Träumer der Erfinder seines Traumes ist, so ist er doch ein unbewusster, nicht wissender Gestalter, da er das Traumthema nicht auswählen und durch das Erinnern seines Traums nicht willentlich herbeiführen kann [...]«[70]. *Beland* verglich die Rollenmischung von (innerem Traum-) Autor, Bildner und Darsteller mit psychotischen Zuständen: »Insofern der Träumer während des Traumes seine Gedanken für Realität hält und ihm nicht bewusst ist, dass er der Autor, Bildner und Darsteller (oft in Gestalt verschiedener Personen) seines gedachten Traumdramas ist, ist er in einer normalen Weise ähnlichen Erfahrungen ausgesetzt, wie wir sie von einer halluzinatorischen Psychose kennen. Denn was sich im Traum, neben allen wichtigen Gedanken des Vortages, vor allem Ausdruck verschafft, ist das verdrängte Unbewusste, und genauso stimmt dies für das neurotische Symptom.«[71]

---

70 Thomä H, Kächele H (2006) Psychoanalytische Therapie. Grundlagen. Springer, Heidelberg, S. 158
71 Beland H (2006) Vorwort. In: Freud S (2006) Schriften über Träume und Traumdeutungen. Fischer, Frankfurt a. M., S. 8 f.

Der nachgespielte Traum in der handlungsorientierten Psychotherapie

> In der psychodramatischen Szene auf der Bühne kommen für den Protagonisten die Rollen Darsteller, Regisseur, Autor und Publikum zum Tragen. Er stellt die Rollen selbst dar bzw. wechselt in die Rollen, die zunächst die Mitspieler für ihn darstellen. Er führt Regie in seinem eigenen Bild, indem er die Figuren und Rollen so positioniert, wie es seiner inneren geträumten Wirklichkeit entspricht. Er ist Autor des Traumes, sowohl beim Träumen als auch beim Weiterspielen auf der Bühne über die geträumte Realität hinaus und er sieht den Traum auch aus der Rolle des interessierten Publikums.

Am Beispiel des folgenden Traumes wird noch einmal systematisch dargestellt, wie ein psychodramatisches Traumspiel in der Gruppe abläuft.

Traum Johannes

Johannes erzählt: »Ich gehe mit einer Frau, deren Gesicht ich nicht sehe, Serpentinen hinunter. Unten auf einer Lichtung erblicke ich Rehe, die nervöser werden, je näher ich komme. Schließlich stieben sie alle auseinander und eines bringt sich am Rande zwischen zwei Häusern in Sicherheit. Ich sehe ein Geviert, auf dem mittelhohe Bäume stehen, es führt ein Weg außen herum. An den Bäumen hängen Leichenteile, also Gliedmaßen: Arme und Beine. Drei Hunde bewachen den Wald und sehen aus, als ob sie zubeißen, wenn ich den Wald betrete. Meine Begleiterin sagt mir, dass der Wald ein Geheimnis berge. Ich folge dem Weg um den Wald herum. Auf der linken Seite kommen dann uralte, unbehauste Zwergenhütten. Sie sehen aus, als ob sie schon lange nicht bewohnt sind, alles ist verstaubt. Als ich hier vorübergehe, ist die Frau plötzlich weg. Ich sehe vor mir auf einer Anhöhe die Zukunft.«

Der grobe Ablauf eines psychodramatischen Traumspieles im Gruppensetting stellt sich so dar:

3. Vorlesung: Erleben des Traumes

1. Soweit mehrere Gruppenteilnehmer einen Traum einbringen möchten, erfolgt zunächst die Wahl des Protagonisten, der seinen Traum darstellt.
2. Szenenaufbau I: Ort, an dem geträumt wurde wird aufgebaut (z. B. Bett).
3. Szenische Handlung I: Protagonist wird nach Traumkontext und Tagesrest befragt; Hinführung zum Traum; Abbau von Szenenaufbau I.
4. Traumerzählung, Szenenaufbau II (Traumlandschaft), Wahl der Mitspieler und Einrollen der Hilfs-Iche,
5. Der Traum wird szenisch handelnd dargestellt.
6. Der Protagonist wechselt in alle relevanten, im Traum vorkommenden Rollen (serielle Rollentausche).
7. Die Handlung wird über das Traumende hinaus weitergespielt (optional).
8. Abbau Szene II und Rückkehr zum Szenenaufbau I (z. B. Bett), Beenden der Traumsequenz.
9. Rollenfeedback von den Mitspielern.
10. Sharing (optional; aber: wichtig bei Albträumen).
11. Abschlussstatement des Protagonisten, Erkenntnisse für oder Transfer in den Alltag.

Im konkreten Fall von Johannes' Traum sah das so aus:

1. Wahl des Protagonisten: Die Gruppe hatte sich schnell für seinen Traum entschieden.
2. Szenenaufbau I: Johannes liegt in seinem Bett.
3. Szenische Handlung I: »*Ich erinnere mich nicht mehr so genau, was heute* [Traum wird im Hier und Jetzt gespielt] *los war* [da der Traum schon länger zurückliegt], *aber es ist gerade eine stressige Arbeitsphase ... Ich bin im Traumbild und ...*
4. *sehe einen kurvigen Weg vor mir ...*« Während Johannes erzählt, wählt er für die verschiedenen Personen und Vorkommnisse des Traumes Gruppenteilnehmer als Mitspieler aus und richtet seine Traumlandschaft auf der Psychodrama-Bühne ein.
5. Stück für Stück bewegt sich Johannes durch seine Traumhandlung und

6. wechselt dabei nacheinander in alle Rollen (Frau, Serpentine, Rehe, Bäume, Leichenteile, Hunde, Zwergenhütten, Zukunft). In der Rolle der Frau sagt Johannes: »*Ich bin seine Begleiterin, bin immer bei ihm wie ein Schutzengel*«, in der Rolle der Rehe, die sich in Sicherheit bringen: »*Das ist alles viel zu eng hier*«, in der Rolle der Leichenteile: »*Ich fühle mich wie abgespalten, habe keine Verbindung, nur zu den Hunden*«, in der Rolle der Hunde: »*Wir wollen ihn eigentlich nicht beißen, aber wenn er so unbedarft hier hereinläuft, ist es unser Job, zu schützen*« und »*Es gibt eine Verbindung zwischen der Frau und uns (den Hunden)*, »*Wir sind Freunde*«, und in der Rolle der Bäume über Johannes: »*Er ist unser Freund*«. In der Rolle des Weges ist Johannes darauf bedacht, dass der Johannes im Traum »*nicht den Wald betritt, nicht vom Weg abkommt*«. In der Rolle als Bäume, »*Wir haben in unserem langen Leben schon viel gesehen und erlebt; bislang haben wir Johannes diese Bilder noch nicht gezeigt. Es ist schon ein Schmerz, aber der wird auch vergehen.*« Das Selbstgespräch der Bäume beruhigt und entlastet die uralten, unbehausten Zwergenhütten. In der Rolle der Hütten: »*Erst hatte ich Angst, dass etwas herauskommt, aber dann sehe ich, dass wir schon lange Zeit unbewohnt sind, verstaubt und etwas morbide.*«
7. Die Handlung wird nicht weiter gespielt.
8. Die Traumlandschaft wird abgebaut, die Rollenträger aus ihren Rollen entlassen, der Szenenaufbau I wird wieder hergestellt und der Traum beendet.
9. Im anschließenden Rollenfeedback kommt von der Mitspielerin, welche die Zwergenhütten gespielt hatte: »*Früher ist hier etwas Wichtiges passiert, waren Kinder in meinem Bauch, hat etwas gelebt, aber jetzt ist es gut, wenn ich mitbekomme, dass das Gespräch mit den Bäumen so gelaufen ist. Es ist gut, wenn Johannes hier vorübergeht.*«. Die Mitspielerin, welche die Frau gespielt hat, berichtet, dass sie in dem Moment, als Johannes an den Hütten vorübergeht, plötzlich weg ist: »*Ich werde gerade nicht mehr gebraucht*«. Die Rollenträgerin der Zukunft erzählt, sie habe ihm sagen wollen: »*Du musst dich noch ein paar Schritte da herausarbeiten, aber es war gut, dass du da vorbei bist, auch dass du die »Mahnmale« der alten Häuser noch einmal gesehen hast.*«
10. Ausführliche Sharing-Runde zu bedrohlichen Traumbildern (Aggression, Gewalt, Vergangenheit und Schutz).

11. Der Protagonist kann zahlreiche Verbindungslinien zu seinem Alltagsleben herstellen.

Nicht immer werden Träume im Psychodrama so ausführlich behandelt. Eine kurze Variante ist das Aufstellen des Trauminhaltes mit Gruppenteilnehmern.

Traumaufstellung

Bei der Aufstellung wird nicht in die Handlung eingestiegen, sondern nur die einzelnen Elemente werden aufgestellt und exploriert. Dies ist besonders geeignet, wenn es sich weniger um Bilder als um einen akustischen oder gesprochenen Trauminhalt handelt.

Traum Philip

> Innerhalb einer Woche erinnert Philip die beiden folgenden Lieder (Text und Melodie) als Traumfragmente.
>
> Traum 1: »Only know you love her, when you let her go«[72] und drei Tage später Traum 2: »I've been trying to do it right / I've been living a lonely life / ... I don't know, where I belong / I don't know, where I went wrong, / ... I belong with you, you belong with me / You're my sweetheart / I belong with you, you belong with me / You're my sweet«[73].
>
> Philip berichtete von akuten Beziehungsproblemen mit seiner Frau vor und während der Phase, in der er die beiden Liedfragmente träumte. In der Vorgeschichte des Paares gab es Beziehungskonflikte und Situationen, die zu einem verstärkten, plötzlichen Erleben von Eifersucht bei Philip geführt hatten.
>
> Die beiden Fragmente/Lieder wurden mit Gruppenteilnehmern aufgestellt, wobei jeder Mitspieler einen Teil des Liedtextes vom Protagonisten zugewiesen bekommt. Die Teilnehmer singen den Liedtext

---

72 Originalsong von Passenger (2013) Let her go
73 Originalsong von The Lumineers (2013) Ho Hey

dann gemeinsam, jeder seinen Abschnitt und Philip sieht und hört den Text. Im Rollenwechsel mit den einzelnen Teilen erschließt er sich subjektstufig die Bestandteile mit ihren emotionalen Qualitäten und ihren Aussagen. Der Protagonist wird befragt, zu welchem Teil es ihn am stärksten hinzieht (in den ▶ **Abb.** 7 und 8 grau hinterlegt), und am Ende gibt es ein Rollenfeedback der Mitspieler aus den unterschiedlichen Rollen.

Only know	You love her	when you	let her go

Abb. 7: Traum 1

I've been trying to do it right	I've been living a lonely life	I don't know, where I belong	I don't know, where I went wrong	I belong with you, you belong with me	You're my sweetheart	I belong with you, you belong with me	You're my sweet

Abb. 8: Traum 2

Nicht immer sind Traumfragmente wie diese Liedausschnitte so deutlich Tagesgeschehen kommentierend. Der Patient berichtete abschließend, dass sich die Situation kurz nach den Träumen für ihn plötzlich deutlich entspannt habe. Den Wechsel von Selbstzweifel, Eifersucht und Zeiten wiedergewonnenen Vertrauens kenne er bis zum Zeitpunkt des Traumes seit einem knappen Jahr.

Der Traum im psychodramatischen Einzelsetting

Das szenische Arbeiten mit Träumen ist nirgends so intensiv wie in einer Gruppe. Nicht immer steht jedoch eine Gruppe zur Verfügung, daher

3. Vorlesung: Erleben des Traumes

wird im Folgenden ein Vorgehen im therapeutischen Einzelsetting beschrieben. Dabei kommen verschiedene Psychodrama-Techniken zum Einsatz (Doppeln, Interaktionell mitagierender Doppelgänger) und es wird auf der Inneren Bühne und der somato-psychischen Bühne gearbeitet.

Traum Mathilde (57 J.)

»Ich bin in einem Haus, das nicht mir gehört. Es gehört meiner Tochter und meinem Schwiegersohn. Im Haus befindet sich ein Pool, der nicht hoch ist, vielleicht 15–20 cm. Ich sitze im Wasser, das meine Schenkel zur Hälfte bedeckt. Um mich herum sitzen viele Personen, die ich nicht kenne. Sie sitzen auch fast alle. Ein paar liegen auch, einige stehen auf und gehen, andere kommen dazu. Es ist sehr beengt, aber es stört mich nicht. Es ist zu wenig Wasser, als dass man sich bewegen oder schwimmen könnte. Dann wechselt das Bild und ich liege in einer Holzkoje, die etwa 50 cm hoch über dem Boden endet. Ich liege auf dem Rücken, die Koje ist rundherum geschlossen, nur an meiner rechten Seite ist eine ganz schmale Öffnung, aus der ich hinaussehen kann. Da passe ich aber nicht durch; dafür bin ich zu dick. Die Oberseite der Koje ist direkt vor meinem Gesicht. Ich kann mich nicht umdrehen, auch mit dem Arm nicht gegen die Bretter schlagen, da ich nicht ausholen kann. Es ist alles zu eng. Ich bekomme Platzangst, kann aber nicht schreien; es ist niemand da. Neben mir wäre noch Platz für vier bis fünf weitere Menschen, aber ich bin da drin allein. Ich bin dann aufgewacht und wieder eingeschlafen, aber der Traum ist geblieben trotz mehrfachem Aufwachen. Ich war immer mehr verzweifelt.«

Zum Hintergrund der Träumerin: Mathilde lebt in einer Kleinstadt neben ihrer älteren Schwester und deren Familie, ihrer Nichte, und neben ihrer Tochter und ihrem Schwiegersohn. Sie beschreibt ihre Herkunftsfamilie als sehr zudringlich und neugierig. Sie wolle oft nur ihre Ruhe haben, sei aber dennoch immer freundlich zu allen, auch wenn sie es nerve, wenn sie z. B. wieder von ihrer Familie ausgehorcht werde. Zur Tochter habe sie einen guten Kontakt, aber könne auch nicht nein sagen, wenn diese sie um einen Gefallen bitte, wie z. B. auf deren kleine Kinder aufzupassen, obwohl sie manchmal wie erschlagen sei und am liebsten nur auf der Couch sitzen möchte. Sie könne »nicht aus ihrer Haut heraus«. Aktuell überlege sie, eine Hecke zu pflanzen und eine Steinmauer als Gartengrenze in Richtung des schwesterlichen Grundstücks zu bauen, damit sie nicht immer so bedrängt werde. Sie könne dies aber nicht aktiv vorschlagen, sondern müsse die anderen fragen, was sie sich denn als Grenze zwischen den Gärten vorstellen würden.

Psychodramatische Traumarbeit auf zwei Bühnen

Der Therapeut bittet Mathilde, sich einmal vorzustellen, sie sitze in dem Pool neben den anderen Menschen. Sie solle bitte zeigen, wie hoch das Wasser stehe und wie nahe die anderen Menschen seien. In der Rolle im Pool wird sie nach ihren Gefühlen, Gedanken und Handlungsimpulsen befragt.

Mathilde: »*Das Wasser geht mir bis hier und auf allen Seiten sitzen andere Menschen. Da vorne liegen zwei im Wasser. Es stört mich nicht, dass wir so viele sind.*«
Der Therapeut unterstützt doppelnd.
Therapeut: »*Am liebsten würde ich jetzt ...*«
Mathilde: »*... ich weiß nicht, es stört mich ja nicht sehr ...*«
Therapeut doppelt weiter: »*... ich könnte hier ewig sitzen ...*«
Mathilde: »*Naja, nicht ewig, aber ich weiß nicht, was ich sonst machen soll ...*«
Therapeut: »*... wenn ich mich so umschaue, sehe ich andere Menschen. Da denke ich ...*«
Mathilde (leicht gereizter Ton): »*... die sind ja schon ganz schön nah da. Die könnten auch ein bisschen zusammenrutschen!*« (lacht)
Therapeut: »*Ich hätte gerne mehr Platz für mich!*«

Das Traumbild wurde als Ausgangsbild genommen und exploriert, und es wurde auch gleich weitergespielt. Es wurde damit im Spiel mehr an Kognitionen und Emotionen sowie Handlungsimpulsen sichtbar, als der

3. Vorlesung: Erleben des Traumes

Traum gezeigt hat. Der durch das Doppeln unterstütze Monolog geht noch eine Zeit weiter. Die Patientin erkennt dabei Schritt für Schritt ein Bedürfnis, welches sie sich im Alltagsleben nicht einzugestehen, geschweige denn zu artikulieren wagt.

Danach macht der Therapeut noch einen Vorschlag als interaktionell mitagierender Doppelgänger (siehe: Interaktionell mitagierender Doppelgänger).

Therapeut: »*Ich könnte ja auch aufstehen und dieses Becken verlassen, das sind mir einfach zu viele Menschen hier. Ich gehe mal schauen, ob es nicht woanders ein Becken gibt, in dem ausreichend Platz und Wasser für mich ist ...*«

Mathilde (ein kurzes, strahlendes Lächeln huscht über ihr Gesicht, als ob sie sich bei einem Streich ertappt fühlt[74]): »*Hmm, stimmt eigentlich.*« (Sie hängt noch eine kurze Weile ihren Gedanken nach.)

Interaktionell mitagierender Doppelgänger

Diese Form des Doppelgängers wird ausführlich bei Krüger[75] beschrieben. Der interaktionell mitagierende Doppelgänger kommt besonders dann zum Einsatz, wenn das reine Doppeln als unterstützende Maßnahme als Schutz für den Patienten nicht ausreicht. Der Patient wiederholt von sich aus immer wieder das dysfunktionale Muster, kann keinen nächsten Schritt machen, um sich aus dem selbstschädigenden Kreislauf zu befreien. Beim gewöhnlichen psychodramatischen Doppeln wird durch den Therapeuten das innere Gespräch mit sich selbst angeregt. Der Patient wird darin unterstützt, wieder zu spüren und bewusst zu wissen, wie er fühlt, was er denkt und was für Handlungsimpulse er hat: »Ich sitze hier und weiß nicht,

---

[74] Dieser unmittelbare Körperausdruck könnte auch vom Therapeuten gedoppelt werden, damit sie ihr Introjekt besser versteht, aber damit würde die Progression wieder verlassen werden.

[75] Krüger RT (2013b) Die therapeutischen Funktionen und Indikationen des Doppelns. Zeitschrift für Psychodrama und Soziometrie 12(2), 217–231, DOI: 10.1007/s11620-013-0196-7

was ich machen soll. Ich fühle mich fremd hier und weiß nicht, was ich machen möchte.«

Bei der Technik des interaktionell mitagierenden Doppelgängers belässt es der Therapeut nicht nur beim Bewusstmachen und *Mentalisieren* der inneren Vorgänge des Patienten, sondern er geht einen Schritt voraus; er zeigt dem Patienten quasi in seiner Rolle ein Verhalten, das dieser selbst noch nicht zeigen kann, was aber in der Situation angemessen, hilfreich oder ein Fortschritt wäre. Der Schritt voraus darf dabei aber nicht zu groß sein, damit sich der Patient nicht blamiert fühlt: »Ich hätte das selbst schon können sollen.« Der Patient kann den Schritt sehen, und wenn er es möchte, diesen auch übernehmen. Damit ist eine fürsorgliche elterliche Funktion angesprochen, so als ob der Vater oder die Mutter ihrem Kind zeigen: »Schau, so kannst du es machen, ich zeige es dir, du brauchst dich nicht zu fürchten.« Indiziert ist dieser interaktionell mitagierende Doppelgänger besonders bei Menschen mit einer posttraumatischen Belastungsstörung, bei Suchterkrankungen im Kontext struktureller Persönlichkeitsdefizite und bei schweren Depressionen, v. a. wenn maligne Introjekte, Schuld- und Schamgefühle vorliegen, die zu deutlichen Handlungshemmungen führen. Der Therapeut steht bei dieser Intervention neben dem Patienten und kann mit den Worten beginnen: »Ich könnte mir vorstellen, dass man hier auch … denken/fühlen/machen könnte …« Dabei wechselt er in die Rolle des Patienten und spricht in der 1. Person weiter, wobei er aus der eigenen Gegenübertragung ein Schritt in Richtung Progression formuliert: »Ich will das nicht länger mit ansehen und gehe jetzt mal ein paar Schritte auf Distanz …«

Therapeut fährt fort: »*Wenden wir uns nun dem zweiten Teil des Traumes zu. Während Sie im Pool noch beschrieben haben, dass die Situation zwar eng sei, Sie aber nicht störe, ist das in der Koje ja anders.*«

Mathilde: »*Ja, das habe ich kaum ausgehalten. Ich wollte schreien, aber es war ja ohnehin niemand da. Und die ganze Koje war ja nur so hoch.*« (*zeigt noch einmal mit der Hand an, wie hoch über dem Boden der Deckel ist. Damit hat sie von der Inneren Bühne wieder auf die somato-psychische Bühne gewechselt.*)

3. Vorlesung: Erleben des Traumes

Therapeut: »*Können Sie jetzt bitte einmal zeigen, wie Sie jetzt in der Koje liegen. Damit Sie die Situation spüren, die Bretter und wie dicht die vor Ihrem Gesicht sind.*«

Mathilde macht eine kleine Bewegung mit ihrem rechten Arm aus dem Ellenbogen heraus: »*Ich kann da nicht dagegen hauen, so eng ist das hier.*« (Tränen beginnen ihr herunterzulaufen.) »*Ich halte das kaum aus, bekomme Panik, aber es ist ja niemand da, und ich bin zu dick, als dass ich hier heraus könnte.*«

Therapeut doppelt: »*Ich bin mit meiner Angst allein, und ich komme hier auch nicht mehr heraus. Ich weiß auch nicht, wie ich hier hereingekommen bin …*«

Der Therapeut spürt zwei Gegenübertragungen, ein Gefühl von Enge und Hilflosigkeit und ein Gedanke an die nahegelegene Gedenkstätte des Konzentrationslagers, in dem solche niederen Holzkojen stehen, in denen vier bis fünf Menschen nebeneinander »Platz« hatten. Aufgrund dieser massiven Gegenübertragungseinfälle wechselt der Therapeut die Arbeitsebene und spricht die Patientin in ihrem erwachsenen, gesunden Ich an. Die Patientin soll sich durch emotionale Distanz etwas stabiler fühlen.

Therapeut: »*Wer hat denn die Koje gebaut?*«

Damit wird die Patientin aus der Symptomszene genommen und in die Sicherheit des therapeutischen Settings gebracht, auf der Ebene der therapeutischen Beziehung angesprochen[76]. Gleichzeitig wird eine Zeitachse eröffnet, die es der Patientin ermöglicht, Kontakt mit ihrem Inneren Kind aufzunehmen, das (zumindest in der Traumwelt) noch in der Koje eingesperrt ist.

Die Patientin scheint zunächst nicht darauf einzugehen und sagt mit einem abwiegelnden Tonfall: »*Ja, aber jetzt einmal etwas ganz anderes. Meine Mutter hat mich früher immer kontrolliert. Der Vater weniger. Ich durfte das Hundertste nicht. Meine Geschwister durften alles, aber mich hat meine Mutter ständig gefragt ›Wo gehst du hin?‹, ›Was machst du?‹, ›Das darfst du nicht …‹*«

---

76 Baumann B, Stadler C (2012) Psychodrama in der zweiten und dritten Dimension. Die Wandbühne im psychodramatischen Coaching. Zeitschrift für Psychodrama und Soziometrie 11(2), S. 231, DOI: 10.1007/s11620-012-0156-7

Die Patientin ist damit unbemerkt auf der Inneren Bühne in eine andere, frühere Szene gerutscht und liefert damit einen Zugang zu diesem Traumteil. Sie ist auf der therapeutischen Spirale nach innen gegangen (siehe: *Therapeutische Spirale*).

Nachdem dies der Patientin klar wurde, ging der Therapeut mit ihr die Stationen der therapeutischen Spirale anhand des Traummaterials durch und sorgte so für eine Mentalisierung dieses Prozesses.

Therapeut: »*Als Sie über die Schwierigkeit, ›nein‹ zu sagen, gesprochen haben, haben Sie das Bild ›Ich kann nicht aus meiner Haut‹ verwendet. Dann gab es verschiedene Traumstationen, angefangen von der Situation, dass Sie nicht im eigenen Haus sind, über die Poolszene, die Sie beengt, Sie aber noch nicht zu sagen wagen (eigentlich spüren), dass Sie mehr Platz brauchen, bis hin zu der Szene, in der Sie absolut eingeengt kaum mehr atmen können und niemand da ist, der Ihnen zur Hilfe kommen könnte. In so eine Koje kann man auch nur hineinwachsen, als Erwachsene hätten Sie ja nur bewusst hineinsteigen können, bevor jemand zuschraubt. Vielleicht war der Spalt an der Seite für die kleine Mathilde noch groß genug zum Herauskommen, aber je länger die Situation dauert, desto eingesperrter wird man. Warum denken Sie, ist Ihnen bei meiner Frage nach dem Erbauer der Koje eingefallen, dass Sie sich von Ihrer Mutter ständig kontrolliert fühlten? Sehen Sie da einen Zusammenhang?*«

Therapeutische Spirale

Die therapeutische Spirale beschreibt den therapeutischen Weg, ausgehend von einer Aktual- oder Symptomszene (1), in obigem Beispiel der Wunsch von Mathilde, sich mehr abzugrenzen, über Parallelszenen in der Gegenwart (2; Traumszene: Pool) hin zu einer Szene von größerer emotionaler Dichte, in der das Thema, die psychische Not deutlicher wird (4; Traumszene: Koje), bis am Ende die zentrale Interaktion mit dazugehörigen Interaktionspartnern sichtbar wird (5; Traumszene: Kleine Mathilde mit kontrollierender Mutter). In dem Mentalisierungsprozess, welcher die genetische Szene (5) mit einer Aktualszene (6) verbindet, kommt die Patientin wieder in der Ge-

3. Vorlesung: Erleben des Traumes

genwart an und kann in einer zukünftigen Alltagssituation (7) besser mit ihrem geschilderten Thema umgehen. Im geschilderten Traum würde auch dazugehören, dass die Patientin die Koje als einengendes Introjekt erkennt und dies wieder an den Absender, in dem Fall die Mutter, zurückgibt.

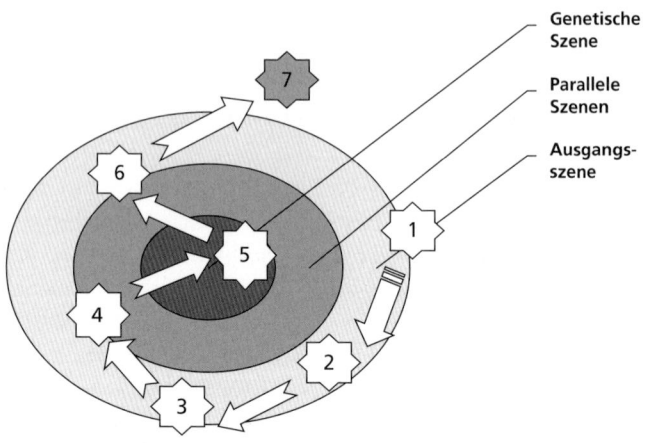

Abb. 9: Therapeutische Spirale
Legende: Erste Traumszene/Ausgangsszene (1), Parallelszenen zur ersten Szene in der Gegenwart (2;3), hin zu einer Szene von größerer emotionaler Dichte, in der das Thema, die psychische Not deutlicher wird (4), bis am Ende die zentrale Interaktion mit dazugehörigen Interaktionspartnern sichtbar wird (5). In dem Mentalisierungsprozess, welcher die genetische Szene (5) mit einer Aktualszene (6) verbindet, kommt der Patient wieder in der Gegenwart an und kann in einer zukünftigen Alltagssituation (7; außerhalb des Traumes) besser handeln.

Mathilde erkennt den Zusammenhang und signalisiert, dass sie aber in der Traumszene, und damit auch in der realen Vergangenheitsszene, eine Hilfestellung braucht: »*Aber was kann ich denn da drin in der Koje jetzt machen?*«

An dieser Stelle kann man den Traum weiterspielen lassen. Die Traumsituation wird dabei wie eine Alltagssituation behandelt.

Nachdem die Szene in der Koje deutlich bedrohliche Ausmaße angenommen hat, wäre ein traumaorientiertes Vorgehen hilfreich. Die Patientin wird dazu gebeten, sich einen Inneren Helfer zu imaginieren, der sie aus der misslichen Lage befreien kann.

Der Therapeut lädt die Patientin in die Erwachsenenrolle außerhalb der Koje ein: »*Lassen Sie uns einmal gemeinsam überlegen, was für eine Art Helfer jetzt kommen müsste, um Mathilde in der Koje zu helfen.*«

Mathilde imaginiert daraufhin einen Zimmermann, der in ihrem Auftrag vorsichtig die Koje Holzplanke für Holzplanke entfernt. Als Mathilde außerhalb der Szene gibt sie genaue Anweisungen, wie das zu erfolgen hat.

Objektstufig ermuntert man die Patientin dazu, an dem Thema der einengend erlebten Mutter zu arbeiten. Subjektstufig wäre es die Arbeit am Introjekt: Ich befreie mich selbst aus meinen Beklemmungen.

An dieser Stelle wäre auch möglich gewesen, eine Arbeit mit dem Inneren Kind, der kleinen eingesperrten Mathilde anhand des Traumes weiterzuarbeiten. Die Patientin könnte sich hierzu in die Rolle der kleinen Mathilde begeben, also auf der therapeutischen Spirale einen Schritt Richtung genetischer Situation gehen, und dann im Wechsel zwischen der erwachsenen und der kleinen Mathilde eine heilende Begegnung für das eingesperrte Kind schaffen. Damit wäre Kasts Gedanke, dass Träume ein Projekt der Selbstsorge sind konkret in die therapeutische Szene einbezogen: »Heute ist der Traum nicht mehr so sehr Botschaft einer numinosen, erhofften Welt. Auch nicht nur einfach Ausdruck der Gehirnaktivität im Schlaf: Er ist ein emotionales und kognitives Selbstgespräch, eine Botschaft der eigenen Tiefe, die man nicht so leicht versteht. Träume sind wichtig für das Projekt der Selbstsorge und der permanenten Selbsterschaffung. Oft zeigen sie uns, wie wir *auch* sind, und nicht nur, wie wir gerne wären. Sie richten uns innerlich neu ein, so dass wir auch wieder neu ausgerichtet sind auf das Leben.«[77]

---

[77] Kast V (2012) Träume. Die geheimnisvolle Sprache des Unbewussten. Patmos Verlag, Ostfildern, S. 202

3. Vorlesung: Erleben des Traumes

Ein weiteres Beispiel für eine ausführliche und differenzierte Traumhandlung, die ausschließlich auf der inneren Bühne bearbeitet wird, zeigen die beiden folgenden Träume einer Patientin.

Franziskas Träume

»Eine Frau geht an der Seite von Ihnen (zum Therapeuten) aus dem Gebäude. Sie wird dann von Ihnen einer netten, jüngeren blonden Kollegin mit einem Doppelnamen, eventuell Ihrer Frau vorgestellt. [hier erfolgt ein Perspektivenwechsel] *Ich gehe mit den beiden, möchte etwas essen und finde mich in einer Gruppe von Menschen wieder, die wie Patienten wirken. Als wir uns an einer großen Tafel niederlassen, möchte ich mich neben einen Mann setzen, der mir aber signalisiert, dass ich nicht willkommen bin. Ich gehe daraufhin weiter und suche mir einen anderen Platz. Ich sehe vor mir einen Zeppelin in Form einer Garnele in der Luft schweben, daneben ein paar Menschen an Fallschirmen, die wie in der Luft zu schweben scheinen. Ich beginne selbst im Traum Schwimmbewegungen zu machen, um auch nach oben zu kommen, und stelle fest, dass ich nur loslassen müsste, dann komme ich ganz einfach nach oben. Die Szene wechselt dann und ich blicke nach unten in eine Ausgrabungsstelle, in der Sie (Therapeut) nach Karotten graben. Die Szene wirkt etwas heruntergekommen und ich frage mich, ob man diese Karotten essen kann. Eine befreundete Kollegin, die einen Salat machen möchte, äußert Zweifel, dass sich die Karotten für den Salat eignen, essbar seien.«*

Zwei Wochen später träumt dieselbe Patientin:

»Ich begegne einer hexenartigen Klinikköchin, die ihre Küche weiter oben im Haus hat. Ich sehe in einer Wand das Reliefbild eines verstorbenen Kollegen, welches lacht, und denke mir, dass mein Bild auch eines Tages die Wand zieren wird. Dann begegne ich einem schuppigen (wie ein Krokodil), schwarzen Hund, den ich kurz streichle. Danach treffe ich auf zwei verstorbene Kollegen, einen Mann und eine Frau, die innerhalb eines halben Jahres verstorben waren und zwei Kinder gemeinsam hatten. Ein indisch aussehender Mann gibt verschiedenen Menschen zum Abschied die Hand, woraufhin ich, als die

Reihe an mir ist, in Tränen ausbreche. Ich sitze danach an einer großen Tafel mit verschiedenen Männern, die ich aus meinem realen Leben kenne. Ein befreundeter Nachbar sitzt da und spielt ein Worträtselspiel.«

Die Patientin erzählt, dass die Atmosphäre im Traum jeweils positiv bzw. im zweiten neutral gewesen sei. Sie habe dies »nett« und freundlich, hoffungsvoll erlebt, obwohl ihre augenblickliche Lebenssituation eher von Schwere und gesundheitlichen Bedrohungen von ihr und ihrem Partner gekennzeichnet sei. Zugehörigkeit war immer wieder Thema während der Therapie, sie hatte Angst, von ihren Freundinnen nicht angenommen und gemocht zu werden, wenn sie nicht geistige und sportliche Höchstleistungen (»fliegen«) vollbringe.

Die Patientin kam in Einzeltherapie und so konnte die Rollenbesetzung nicht im Rahmen der Gruppe mit anderen Personen vollzogen werden. Aufgrund der Vielzahl der Rollen, die in diesen beiden Träumen vorkamen, müsste man sich auch im Gruppensetting entscheiden, welche Rollen mit Personen besetzt würden und welche nur durch Intermediärobjekte wie Tücher, Stühle, Steine etc. repräsentiert werden. Würden alle Rollen besetzt, gäbe es eine unübersichtliche Bühnensituation, und die Träumerin könnte daraus keinen Gewinn mehr ziehen.

Die Patientin bewegte sich durch ihre Traumlandschaft, in dem sie nacheinander in einzelne Rollen schlüpfte und diese für sich explorierte. In diesem Fall erhält man durch die Auswahl, die sie dabei trifft, eine zusätzliche Information über die innere Dynamik der Patientin. Der Therapeut begleitet die Träumerin bei ihren zahlreichen Rollenwechseln empathisch durch ihre Landschaft und versucht doppelnd das Erleben nachzuvollziehen. In dieser Situation bewegt sich die Träumerin auf der inneren, imaginativen Ebene. Eine mögliche Alternative wäre gewesen, die Patientin ihre Traumlandschaft mit Figuren, Steinen oder Klötzen auf der Tischbühne aufbauen zu lassen. Die Patientin war als Psychotherapeutin darin geübt, zwischen der Subjekt- und der Objektstufe hin und her zu wechseln und das in den Rollenwechseln Erlebte sofort zu mentalisieren.

Es folgt ein Ausschnitt aus ihrem Erleben (kursiv die Traumsituation, normale Schrift die Mentalisierung, in Klammern die Subjekt- bzw. Objektstufe):

3. Vorlesung: Erleben des Traumes

»*Eine Frau geht mit Ihnen* (Therapeut, C. S.) *aus dem Gebäude*. Es ist wahrscheinlich mein Kontaktwunsch auch außerhalb des Therapieraumes. Ich möchte nicht nur Patientin sein (Objektstufe, C. S.). *Als Frau mit dem Doppelnamen ...*, das könnte auch ich sein (Subjektstufe, C. S.), ich will ebenbürtig und verbunden sein. In der *Einfühlung in die Garnelenrolle, die Rollen der Menschen an Fallschirmen und in die Schwimmrolle* stelle ich fest, dass ich mich nicht (mehr) so abstrampeln, anstrengen muss; ich kann loslassen, werde getragen (Subjektstufe, C. S.). Gleichzeitig spüre ich in dem *Moment mit den Schwimmbewegungen, dass ich nach oben an die Wasseroberfläche schwimme und mich aus dem tiefen Wasser* retten muss. ... *Als Kollegin, welche die Zutaten für den Salat bewertet,* erlebe ich eine ambivalente Seite von mir (Subjektstufe, C. S.). Ich finde es schön, dass nach nahrhaften *Karotten,* Wurzeln, die mich nähren, gesucht wird in der *Ausgrabung* der Therapie, aber ich bin vielleicht auch skeptisch, ob ich das so haben möchte. Ich bin gerne *Salat* und wachse, bin nahrhaft, aber ich weiß nicht, ob die Karotten, die Wurzeln taugen.«

Die Patientin kämpfte besonders zu Anfang der Therapie mit ihrer Rolle, vom Therapeuten nicht als Kollegin, sondern als Patientin gesehen zu werden. Von einem Wunsch nach Zugehörigkeit/Bindung (Frau mit Doppelnamen an der Seite des Therapeuten: »Das könnte ich sein«) bis hin zu der Ablehnung, neben dem Mann sitzen zu dürfen, zeigte sich ihr Thema, vom Vater und später von ihrem Partner nicht ausreichend akzeptiert, gesehen, anerkannt und genährt zu werden. Sie erkannte ein wiederkehrendes Thema in dem Bild von der Ausgrabung und der Nahrung: Kann ich selbst nahrhaft, z. B. für meinen Sohn und meine Patienten sein, wenn ich bezüglich meiner eigenen Wurzeln Zweifel bezüglich der Essbarkeit habe?

Diese Frage setzt sich im zweiten Traum der Patientin fort. »*Meine nährende Kraft als Klinikköchin ist verwunschen, ich bin eine hexenartige Klinikköchin,* und ich bringe Gift, statt eine gute Mutter zu sein.«

Immer wieder stellt die Patientin sich selbst in ihrer Mutterrolle in Frage, zweifelt, ob sie für ihre Tochter eine gute oder eine »giftige« Hexenmutter sei.

»Ich bewege mich vielleicht in der Unterwelt, im Unbewussten oder im Reich der Toten (der *schwarz geschuppte Hund Zerberus,* der

Wächter der Unterwelt)[78]. *Der indisch (fremd) aussehende Mann verabschiedet sich*, was mich traurig macht. Das Thema des Todes bzw. der Todesangst ist in mir vielleicht angestoßen, da bei meinem Partner vor wenigen Wochen ein maligner Tumor entdeckt wurde, und ich selbst hatte ja auch vor einigen Jahren Brustkrebs (Objekt- und Subjektstufe, C. S.). Es ist das Thema Abschied, gehen, Vergänglichkeit von Beziehungen, auch der endgültige Abschied, der Tod. Vielleicht auch das Ende der Therapie. *Wenn ich die hexenartige Klinikköchin bin*, bringe ich dann den anderen die Verwünschung, den Tod? *Ich sollte ihnen als Klinikköchin ja heilsame Nahrung bringen.*« (Subjektstufe, Introjekt, C. S.)

Nicht immer muss der Traum auf die äußere Psychodrama-Bühne, wie man an dem Beispiel von den beiden Träumen erkennen kann. Das handlungsorientierte und mentalisierende Erleben wird allein schon durch die Rollenwechsel auf der inneren Bühne in Gang gebracht. Intensiver wird das Erleben aber, wenn dieser Traum auf der Tischbühne oder noch intensiver, wenn er auf der somato-psychischen Bühne gespielt wird. Der zusätzliche Gewinn des Traumspiels in der Gruppe ist auf jeden Fall die stärkere Intensität und die Rollenfeedbacks der Mitspieler, die ja auch etwas in den Traumrollen erleben und dies dem Träumer anreichernd wiedergeben.

Der Traum im Playback-Theater

Im psychodramatischen Traumspiel, wie es im vorhergehenden Abschnitt dargestellt wurde, ist es zentral, dass der Träumer auf der Bühne selbst seinen Traum spielt und auch möglichst viele Rollen selbst exploriert. Anders verhält es sich mit dem Arrangement Playback-Theater.

---

78 Der Therapeut hat ebenfalls einen schwarzen Rauhaardackel, der manchmal kommt, um die Patientin zu begrüßen.

3. Vorlesung: Erleben des Traumes

»Beim Playback-Theater handelt es sich um eine Arbeitsform, welche in den USA in den 1970er Jahren von Jonathan Fox und Jo Salas ins Leben gerufen und in Deutschland von Daniel Feldhendler und Marlies Arping bekanntgemacht wurde. Das Playback, wie es kurz genannt wird, ist als Methode bis heute eigenständig geblieben, es hat sich nie ganz in die psychodramatischen Arrangements eingliedern lassen. [...]. Wie [...] im Clap-Theater spielt hier nicht die gesamte Gruppe auf einmal, sondern nur ein Teil. Im Playback wird von einer Person eine Geschichte erzählt, die dann in szenischer Umsetzung von einer Darstellergruppe dem Erzähler zurückgespielt (»play back«) wird. Es hat damit auch eine Nähe zum Improvisationstheater. Es ist ein Gruppenarrangement mit seriell in Erscheinung tretenden Protagonisten, welche sich aber nicht selbst spielen, sondern ihre Geschichte spielen lassen, während sie zusammen mit dem Leiter in der Regieposition außerhalb der Bühne verbleiben.«[79]

Der Traum wird in diesem Zusammenhang als Geschichte verwendet. Der Erzähler ist der Träumer und die Geschichte ist der Traum. Eine Gruppe von Darstellern zeigt dem Träumer seinen Traum, bzw. ihre spezielle Version des Traumes. »So haben wir deinen Traum verstanden...«

Das Arrangement Playback sieht folgendermaßen aus (▶ **Abb. 10**, S. 79), es braucht:

- einen definierten Bühnenraum, in dem der Traum gezeigt wird,
- einen Träumer/Erzähler eines Traumes, der sich aus dem Zuschauerkreis rekrutiert, welcher einen Traum erzählen möchte,
- einen Playback-Leiter/Psychotherapeuten, der den Ablauf steuert, gegebenenfalls auch den Träumer/Erzähler zu seinem Traum befragt,
- eine Darstellergruppe, meist 3–4 Personen, die zu Beginn festgelegt werden,
- Zuschauer.

Zu Beginn gibt es eine Erwärmungsphase für die Gruppe, die entweder das Thema Träume erwärmt oder aber die somatische Seite der Darstellung (siehe Fluid Sculptures). Bei entsprechender Erwärmung fragt der Playback-Leiter die Zuschauer, »Wer möchte einen Traum erzählen?« bzw. nach der Darstellung des ersten: »Wer möchte den nächsten Traum erzählen?«. Ist ein Traumerzähler gefunden, nimmt dieser neben

---

[79] Stadler C (2014) Psychodrama. Ernst Reinhardt Verlag, München, S. 109

Der Traum im Playback-Theater

dem Playback-Leiter am Rand zwischen Bühne und Zuschauerraum Platz und erzählt seinen Traum. Die Darsteller befinden sich zu dieser Zeit bereits auf der Bühne und hören sich den Traum an. Nach Abschluss der Erzählung überlegen sie sich gemeinsam, wie sie den gehörten Traum auf der Bühne szenisch umsetzen können. In der darauf folgenden Spielphase können auch Requisiten eingesetzt werden, wie z. B. Tücher, Decken, Stühle etc., mit denen sich die Darsteller ausstaffieren oder die sie als Hilfsmittel verwenden können. In der Phase, in der die Darsteller besprechen, wie sie den gehörten Traum umsetzen, kann auch eine musikalische Untermalung eingesetzt werden, damit der Traumerzähler nicht hört, was gleich auf der Bühne passiert. Besonders eindrücklich wird das Vorgehen, wenn für die musikalische Darstellung ein Live-Musiker eingesetzt wird.

Die Besprechung der Darsteller sollte nicht zu lange sein, manchmal wird auch eine Variante genommen, bei der die Darsteller, ohne sich zu besprechen, spontan im Stegreif das Gehörte spielen. Die Darsteller beginnen auf ein Signal des Leiters hin, den erzählten Traum zu spielen. Nach Abschluss der Darstellung wird der Traumerzähler gefragt, ob die Darstellung in etwa dem entspricht, was er sich vorgestellt hat, oder ob er eine Korrektur des Gezeigten wünsche. Selten kommt es vor, dass sich der Traumerzähler eine erneute Darstellung des Traumes wünscht. Eine mögliche Variante ist, dass die Darsteller gebeten werden, den Traum weiterzuspielen und/oder mit einem anderen Ende zu zeigen.

Fluid Sculptures

»Bei dieser gruppenzentrierten Arbeitsform handelt es sich um eine Kurzintervention, die auch als Anwärmung für einen weiteren folgenden Gruppenprozess eingesetzt werden kann. Die »fließenden Skulpturen« werden gezeigt, während die Gruppenteilnehmer im Kreis stehen. Ein Teilnehmer tritt einen Schritt in Richtung Kreismitte und äußert z. B. seine aktuelle Befindlichkeit (»Ich fühle mich angeregt durch das vorhergehende Spiel« oder »Ich fühle mich genervt durch die langen Entscheidungsprozesse«). Der im Kreis gegenüber stehende Teilnehmer stellt zusammen mit seinem rechten und linken Nachbarn diese Befindlichkeit dar. Nach Zeigen der »Szene« wird gefragt, ob das in etwa dem Gefühl entsprochen habe. Die fließenden Skulpturen

77

3. Vorlesung: Erleben des Traumes

> gehen reihum, so dass jeder Teilnehmer einmal in der Rolle des Inputgebers, einmal in der Rolle des Hauptdarstellers und zweimal in der Rolle des Mitspielers war.«[80]

Ist die Gruppe klein (6 Personen), können die Rollen der Darsteller, Erzähler und Zuschauer durchwechseln; ein Zuschauer kann dann nicht nur zum nächsten Traumerzähler, sondern auch zum Darsteller werden, dafür wird ein Darsteller dann zum Zuschauer. In professionellen Playback-Kontexten und in größeren Gruppen (12 Personen aufwärts) gibt es in der Regel eine feste Darstellergruppe.

Das Vorgehen im Playback-Theater ist einfach, aber es muss vom Playback-Leiter dennoch darauf geachtet werden, dass die Gefühle des Traumerzählers nicht durch zu drastische, ironisierende oder persiflierende Darstellungen verletzt werden. Die Komprimierung der Handlung führt zu einer Intensivierung des Affektes und nicht selten sind die Darstellungen mit einer gehörigen Portion Humor unterlegt. Dies darf auch sein und nimmt etwas die Scham, die eigene Traumerzählung auf der Bühne zu sehen, aber es gibt eine Grenze zur Blamierung des Traumerzählers.»Wenn die erzählte Geschichte, der Assoziationshintergrund des Erzählers, also seine persönlichen Gedanken, Gefühle und Impulse, der Fokus des Leiters sowie die Art der Darstellung nicht harmonieren, können sperrige Gefühle im Erzähler entstehen, z. B. das Gefühl, nicht verstanden zu werden, Schamgefühl, etc.«[81]

Die Traumerzählungen reihen sich wie eine Perle nach der anderen aneinander. Ist eine Traumdarstellung abgeschlossen, folgt die nächste Traumerzählung, dann wiederum die nächste usw. In dieser Reihung bildet sich meist der unbewusste Prozess der Gruppe ab.

Der Traum in seiner Objekt- und Subjektstufigkeit wird im Playback nicht so ausführlich exploriert wie beim psychodramatischen Traumspiel, da der Träumer die Rollen nicht selbst einnimmt, und sich auch nicht selbst in der Szene bewegt. Aber dafür wird durch das Arrangement Playback die Gesamtbotschaft deutlicher, es wird die Essenz oder ein

---

80 ebenda, S. 111
81 ebenda, S. 110

Der weitergeführte Traum

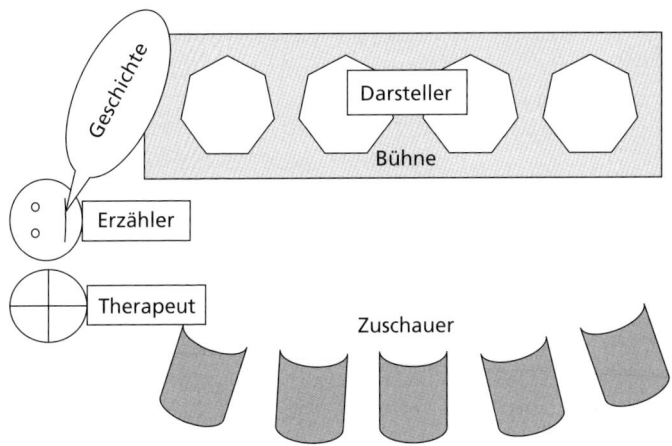

Abb. 10: Playback-Theater

einzelner Aspekt fokussiert und dadurch wird der Traum verfremdet. Es kann, ähnlich wie in einer Skulptur, eine Komprimierung und evtl. auch Abstrahierung des Inhaltes stattfinden.

Der weitergeführte Traum

Im Playback wird mit dem Traummaterial auf der Bühne ohne Beteiligung des Träumers interaktiv weitergearbeitet. Den Aspekt des Weiterentwickelns betont auch Schneider: »Patienten bringen dem Analytiker ihre Träume nicht, damit sie interpretiert werden, sondern um das Träumen mit dem Analytiker fortzusetzen, und zwar der Aspekte des Traums, die sie selbst nicht vollständig träumen konnten.«[82] Auch Kast

---

82 Schneider JA (2010) From Freud's dream-work to Bion's work of dreaming: The changing conception of dreaming in psychoanalytic theory. International Journal of Psychoanalysis 91, S. 532

3. Vorlesung: Erleben des Traumes

bezieht sich auf den konstruktiven, nach vorne gerichteten Umgang mit Träumen:

»Im Gegensatz zu Freud und Adler [...] lege ich auf die konstruktive oder synthetische Erklärung [eines Traums, Verena Kast] ein etwas größeres Gewicht in Anerkennung der Tatsache, dass das Morgen praktisch wichtiger ist als das gestern, und das Woher unwesentlicher als das Wohin. Bei aller Würdigung der Historie scheint mir der zu schaffende Sinn von größerer Lebensbedeutung, und ich bin der Überzeugung, dass keine Einsicht in das Vergangene und kein noch so starkes Wiederbeleben pathogener (krank machender) Reminiszenzen den Menschen von der Macht der Vergangenheit so befreit wie der Aufbau des neuen. Ich bin mir dabei sehr wohl bewusst, dass ohne Einsicht ins Vergangene und ohne Integration verloren gegangener wichtiger Erinnerungen etwas Neues und Lebensfähiges gar nicht geschaffen werden kann.«[83]

Traum Beate

Beate erzählt in einer Traumgruppe, dass ihre Mutter die Woche zuvor gestorben sei und es habe ein Familientreffen zur Verteilung von Besitztümern gegeben. Nach dem Familientreffen schläft sie am Vorabend der Sitzung der Traumgruppe ein und träumt:

»Ich stehe vor dem Elternhaus und freue mich, dass ich in dieses Haus einziehen darf. Endlich nach Hause. Es ist ein großes, stattliches Haus, das meine Eltern selbst gebaut haben. Es bietet Schutz wie eine trutzige Burg; es hat dicke Mauern, drinnen ist es immer ein bisschen kühl. Es ist ein Platz zum Entspannen. Alles ist selbst gebaut, der Vater hat alles selbst repariert.

Auf dem Weg dorthin befinden sich vier Menschen, die mir auf ihre je eigene Weise in den Weg treten. Zunächst jemand, der mich von links kommend am linken Arm hält, dann eine Frau, die sich mir von rechts in den Weg schiebt, dann wieder ein Mann, der mir sogar auf einen Fuß tritt und zuletzt eine Frau, die mit Händen zu einer Schale geformt wie eine Bettlerin zu mir »Gib mir« sagt. Ständig wollen Menschen etwas von mir ... Plötzlich merke ich, dass ich meinen

---

83 Jung CG (1930, 1969) Einführung zu W. M. Kranefeldt »Die Psychoanalyse«. GW 4, §759, zit. nach Kast V (2012) Träume. Die geheimnisvolle Sprache des Unbewussten. Patmos Verlag, Ostfildern, S. 104

Der weitergeführte Traum

Schlüssel zu allem, zum Elternhaus, zu meinem jetzigen eigenen Haus, zu meiner Praxis, ... verloren habe.«

An dieser Stelle endet Beates Traum. Der Traum wird in der Gruppe nachgespielt und Beate exploriert die Traumszene ausführlich. Sie besetzt alle vorkommenden Rollen mit Personen (Elternhaus, die vier Personen, die ihr im Weg stehen, den Schlüsselbund). Jeweils im Rollentausch erlebt sie die Innenperspektiven. Ich (Therapeut) schlage ihr vor, dass wir den Traum weiterspielen könnten, die Protagonistin ist sogleich einverstanden.

Im Weiterspielen entwickelt sich Folgendes, was hier nur in geraffter Form dargestellt wird.

Beate: *»Die bettelnde Frau will eigentlich nur, dass wir gemeinsam etwas machen. Ich möchte das nicht. ... Wenn ich hier im Elternhaus sitze, stellt sich ganz schnell eine Beklemmung ein. ... Mit der anderen Frau gibt es ein starkes Neidthema, ich glaube, das ist meine Schwester ...* (Objektstufe, C. S.). *Mit dem einen Mann gibt es eine unaufgelöst aggressive Geschichte ... Ich schreie laut um Hilfe, dass mir jemand hilft, meinen Schlüssel wieder zu finden. Keiner reagiert. Ich nehme die beiden, die mir näher stehen, an der Hand, doch plötzlich sehe ich meinen Schlüsselbund, lasse die beiden wieder los und weiß, dass ich diesen Schlüssel nur alleine wieder finden kann. Ich nehme den Schlüssel auf und bin so erleichtert* (Subjektstufe, C. S.). *Das Neid- und das aggressive Gefühl der beiden vorderen verstärken sich in diesem Moment.«*

Beate konnte über die Traumdarstellung verschiedene Aspekte subjekt- und objektstufig erkunden. In der Phase des Weiterspielens fand sie den Schlüssel (sic!) zu sich selbst und zu einem konstruktiven Umgang mit den zuvor sperrigen Situationen. Menschen stellen sich mir in den Weg oder subjektstufig: »Ich steh mir im Weg« hin zu »Ich finde meinen Schlüssel/Zugang wieder«.

Besonders bei Albträumen, die im schlimmsten Moment abbrechen, mit dem Aufwachen enden, bietet sich die Möglichkeit des Weiterträumens an. Der Moment der Angst kann überwunden werden, da der Träumer an dieser Stelle nicht aufwacht, sondern begleitet durch den Therapeuten in der Handlung weitergehen kann.

3. Vorlesung: Erleben des Traumes

Albtraum Paul

Paul hat einen Wiederholungsalbtraum, den er nicht versteht.
»Ich sitze allein in einem Kanu und paddle einen Fluss hinunter. Die Strömung wird schneller, die Felswände rechts und links lassen kein Aussteigen zu. Ich treibe auf einen riesigen Wasserfall zu und kann nicht anhalten. Ich habe Angst. Gleich ist es soweit und ich werde mit meinem Kanu den Wasserfall hinabstürzen.«
Der Traum wird in der Gruppe nachgespielt und Paul spielt über den Aufwachmoment, das Traumende hinaus weiter. *Das Kanu neigt sich in Zeitlupe in den Wasserfall und beginnt zu fallen.* Schon während des Spiels sagt er plötzlich: *»Jetzt weiß ich's! Ich möchte hier stoppen.«* Die Handlung wird angehalten und mit dem Protagonisten besprochen, dass an dieser Stelle tatsächlich gestoppt werden kann oder dass in Zeitlupe weitergespielt werden kann, bis der Paul im Kanu sich aus dem bedrängenden Albtraumgefühl draußen fühlt. Paul fühlt sich in diesem Moment von dem bedrängenden Affekt befreit und möchte die Handlung beenden.

Kast[84] weist darauf hin, dass Albträume entstehen, wenn die Emotionen im Traum nicht mehr angemessen verarbeitet werden können. Imaginationen und Phantasiegeschichten können helfen, diese Klippe zu überwinden. Sie nennt Michael Endes *Traumfresserchen*, welches sich von schlechten Träumen ernährt als Möglichkeit, mit einer therapeutisch geleiteten Imagination Albträume zu bewältigen. Albträume verändern sich, wenn imaginativ mit ihnen gearbeitet wird[85] bzw. wenn sie im Wachtraum weitergeträumt werden. In Pauls Beispiel wird deutlich, dass der negative Affekt im Weiterspielen verarbeitet werden kann, auch wenn der Handlungsbogen der Traumhandlung noch nicht ganz abgeschlossen erscheint. »Die Wirkung auf die ich hinziele, ist die Hervorbringung eines seelischen Zustandes, in welchem mein Patient anfängt, mit seinem Wesen zu experimentieren, wo nichts mehr für immer

---

84 Kast V (2012) Träume. Die geheimnisvolle Sprache des Unbewussten. Patmos Verlag, Ostfildern, S. 150 f.
85 Starker S (1974) Daydreaming styles and nocturnal dreaming. Journal of abnormal psychology 83(1), 52–55

gegeben und hoffnungslos versteinert ist, eines Zustandes der Flüssigkeit, der Veränderung und des Werdens.«[86] Moreno nennt diesen Zustand die Spontaneitätslage, den Zustand freier Kreativität. Hier geht es um die Passung der inneren Schemata oder Bilder mit den äußeren Gegebenheiten; entweder durch Suchen innerer passender Bilder oder es werden neue Bilder konfiguriert bzw. erzeugt.

Umgang mit Traumfragmenten

Nicht immer sind Träume sehr elaboriert oder bieten eine explizite, abgeschlossene Geschichte mit einem Anfang und einem Ende. Manchmal erinnern sich Träumer nur an Bruchstücke ihrer Traumbilder (siehe oben Albtraum Paul) oder an das Ende des Traumes. Besonders bei Menschen mit gering integriertem Strukturniveau zeigen sich in der Erinnerung entweder kurze konkretistische Bilder oder nur Traumfragmente, die sich nicht unmittelbar erschließen lassen. Der Umkehrschluss – Traumfragment bedeutet niederes Strukturniveau – gilt selbstverständlich nicht. Liegt die Ursache aber in dem oben genannten niederen Strukturniveau, ist das handlungsorientierte psychodramatische Vorgehen besonders hilfreich, um einen Zugang zu der Traumgeschichte zu finden. Das nicht symbolisierte, konkretistische Bild oder der isolierte Affekt wird auf die Bühne gestellt und dann wird weiter »geträumt«.

Traum Hans

Hans erzählt: »*Ich sitze in einer Kubus-förmigen Grube (1 × 1 × 1 m) gekauert, es gibt ein Fenster nach innen in ein Haus, wo auch irgendwelche Leute mir etwas sagen oder raten. Ich versuche mit einer zerfetzten roten Plastikstrukturfolie das Loch nach oben abzudecken, was mir aber nicht so gut gelingt, es bleibt immer etwas offen. Ich muss mich beeilen, weil sich von oben ein Wolf nähert, der immer nach mir beißt.*«

---

86 Jung CG (1929, 1971) Ziele der Psychotherapie. In: GW 16, §§ 66–113, zit. nach Kast V (2012) Träume. Die geheimnisvolle Sprache des Unbewussten. Patmos Verlag, Ostfildern, S. 139

3. Vorlesung: Erleben des Traumes

Die Traumszene wird mit Gruppenteilnehmern dargestellt, ein Tuch dient als Plastikfolie und Stühle als die Wände der Grube. Hans möchte nicht in die Rolle des Wolfes wechseln, sondern wünscht sich, dass er gut aus der Szene rauskommt. Der Therapeut bespricht mit ihm außerhalb der Szene, wie sein Lösungsbild aussehen könnte.

»*Ich möchte, dass der Wolf oben von mehreren Menschen in Schach gehalten wird, dass ich in Ruhe die Folie zumachen kann. Dann möchte ich nach innen ins Haus, das Fenster hinter mir schließen und ich möchte von einem netten Menschen im Raum in Empfang genommen werden.*«

Er wählt für die benötigten Rollen die entsprechenden Gruppenmitglieder, dann wird die Szene gespielt, wobei Hans mit den von ihm gewünschten Rollen immer wieder die Rolle tauscht. So kann er Schritt für Schritt die salutogenen Rollen in sich stärken.[87]

Eine besondere Form von Traumfragmenten sind die quasi kommentierenden Träume bei körperlichen Erkrankungen oder Verletzungen. Ein anschauliches Beispiel liefern die Traumfragmente von Anna. Anna ist 74 Jahre alt und kam nach einer linksseitigen Hirneinblutung wieder in Psychotherapie. Kognitiv ist die Patientin ohne Einschränkungen, aber das Sprachzentrum war durch die Einblutung in Mitleidenschaft gezogen. Die Patientin hatte in der ein paar Jahre zurückliegenden Therapie bereits viel mit Träumen gearbeitet. Mit ihren vier Traumfragmenten wurde auf der Inneren Bühne und auf der somato-psychischen Bühne gearbeitet, wobei letztere nicht mit Gegenständen eingerichtet wurde, sondern die verschiedenen Traumbestandteile wurden von ihr im Raum durch Anzeigen verortet.

Traumfragmente Anne

Anne gestikuliert um ihren Kopfraum herum und erzählt:

Traum 1: »*Ich habe furchtbare Träume von Chinesen, alles ist chinesisch.*«

---

[87] Vgl. Lösungsorientierung im Psychodrama in: Stadler C (2014) Psychodrama. Ernst Reinhardt Verlag, München, S. 60 ff.

Der weitergeführte Traum

Anne war mehrere Monate in verschiedenen Krankenhäusern und hatte zunächst nichts verstanden, alles war »Fachchinesisch«, und ihre eigene Sprache war ihr auch fremd geworden wie chinesisch. In der Rolle der Chinesen merkt sie, dass Anne gar nicht versteht, was sie ihr sagen wollen.

Traum 2: »*Ich sehe Wolfram, wie er aufrecht geht.*«
Wolfram ist ihr früherer Lebensgefährte, der seit langen Jahren unter einer Körperbehinderung leidet, die seinen aufrechten Gang verhindert. Durch eine akute Erkrankung sitzt er im Rollstuhl. Sie ist enttäuscht, weil er sie nie als Ehefrau wollte. Wolfram geht in ihrem Traum aufrecht, weil sie ihre Wünsche an ihn abgetrauert hat, sie kann ihn loslassen, ihr Blick auf ihn ist nicht mehr »behindert«. Sie kann zu dieser Zeit selbst auch wieder »aufrecht« gehen, sich verständlich machen, ist nicht mehr in Krankenhausbehandlung.

Traum 3: »*Die Enkelin von Christine, die Schwiegertochter von Wolfram, hat eine CD, auf der Christine zu hören ist, wie sie sehr weint. Die Enkelin gibt mir die CD, damit ich es anhören kann.*«
Anne wechselt in die Rollen von Christine und der Enkelin. Sie findet darüber Zugang zu sich und ist traurig, aber nicht mehr depressiv darüber, dass sie so eine schwere gesundheitliche Beeinträchtigung hat, auch dass sie nicht mehr jung. Ihr inneres Kind hat die Trauer konserviert. Das Kind hat die Tränen der Mutter gespeichert. Aber es ist auf CD, etwas distanzierter, nicht mehr akut depressiv.

Traum 4: »*Ich besichtige ein fremdes Haus, um mir eine neue Wohnung zu suchen. Die Räume haben keine Wände, sie sind alle mit einer Wiese bewachsen. Dann gibt es einen mittelalten Mann, der mir das Bad zeigen soll. Es war versteckt, er hat es dann aufgeklappt. Da waren ganz alte, scheußliche Rohre drin. So schwarz und die liefen quer. Da waren nur das Klo, die Badewanne und das Waschbecken. Ich habe ihm gesagt: ›Die müssen aber schon raus, gell. Das muss neu gemacht werden!‹ Er: ›Nein, das bleibt so!‹ Ich gehe dann in das angrenzende Zimmer, da ist ein altes Ehepaar drin. Es ist alles alt eingerichtet, aber schön, ordentlich. Aber da will ich auch nicht hin.*«

3. Vorlesung: Erleben des Traumes

Sie wechselt innerlich in die Rollen des fremden Hauses, des Ehepaares und des mittelalten Mannes. Nach den inneren Rollenwechseln erkennt sie: »*Ich wünsche mir einen neuen gesunden Körper, mit allen Freiheiten, wo alles wächst; der Raum der (seelischen) Reinigung ist verborgen und ganz alt, die Rohre sind schmutzig, liegen kreuz und quer. Ich möchte, dass der Mann das anders macht/anders ist, aber er will nicht. Ich will auch anders sein, und dann will ich es doch nicht. Ich habe mich genug angestrengt in meinem Leben. Es soll so bleiben wie es jetzt ist. Hauptsache, es wird nicht schlimmer. Dann will ich die Beziehung (Ehepaar) und meinen alten Körper nicht. So wie das alte Paar will ich es auch nicht. Ich will auch nicht alt werden.*«

Varianten der psychodramatischen Traumarbeit

Neben den erwähnten klassischen Vorgehensweisen im psychodramatischen Umgang mit Träumen gibt es eine ganze Reihe von Weiterentwicklungen oder Spezialformen.

Während im klassischen psychodramatischen Vorgehen die Rollenspieler alle vom *Protagonisten* gewählt werden, ist es bei Verhofstadt-Denèves Traumarbeit so, dass der Protagonist zunächst in eine Traum-Trance versetzt wird, und dann in dieser den Traum nachspielt. Die Auswahl der für das Traumspiel nötigen Mitspieler und Mitspielerinnen wird vom Therapeuten stellvertretend getroffen[88]. Verhofstadt-Denève hat einen eigenen psychodramatischen Ansatz entwickelt, der sich besonders auf die Entwicklungspsychologie bezieht und als entwicklungstheoretisch-dialektisch verstanden werden kann. Bei der Traumarbeit wird der Traum in der Traum-Trance neu inszeniert. Das Vorgehen von Verhovstadt-Denève erinnert ein wenig an das Aufstellen der systemischen Schulen, bei denen von einer system-immanenten Wirklichkeit

---

[88] Fürst J, Ottomeyer K, Pruckner H (Hrsg.) (2004) Psychodramatherapie. Facultas, Wien, S. 250

ausgegangen wird, die auch von den an der Aufstellung beteiligten Rollenträgern des Systems erfasst werden kann, nicht nur vom jeweilgen Protagonisten.

Rojas-Bermúdez und Moyano Rojas-Bermúdes[89] stellen eine weitere Variante vor. Sie vertreten einen psychodramatisch-neurobiologischen Ansatz. In ihrem Verständnis versuchen sie rechts- und linkshemisphärisches Denken bei der Traumarbeit miteinander in Verbindung zu bringen. Hierzu bitten sie den Protagonisten, den erinnerten Traum nur auf ein oder zwei wesentliche Bilder zu verdichten. Es wird also nicht der gesamte Traum, sondern nur eine Komprimierung auf die Bühne gebracht. Diese komprimierten Bilder werden als Skulptur mit Menschen auf der Bühne zur Darstellung gebracht. Ist keine Gruppe vorhanden oder wird nicht das Vorgehen auf der somato-psychischen Bühne gewünscht, werden Intermediärobjekte wie Stühle, Figuren, Klötze, Tücher für die Darstellung dieser Bilder verwendet. Nach dem Aufstellen der Skulpturen werden die verschiedenen Bestandteile im Rollentausch vom Protagonisten eingefühlt und im Monolog beschrieben. Am Ende werden die Skulpturen noch mit einem Titel oder Namen versehen.

Blomkvist und Rützel[90] stellen einen von Fürst als psychodramatisch-surrealistischen bezeichneten Ansatz vor. Die Psychodramabühne soll dabei die Struktur des Unbewussten nachbilden. Der Protagonist erzählt dort, was ihm spontan zum Traum einfällt. Es gibt bei der Bühnenhandlung keinen Rahmen, wie z. B. die Szene im Bett zu Beginn (Tagesrest), und es gibt auch keine dem Traum entsprechende chronologische Handlung. Der Protagonist nimmt beim Erzählen die Rollen zunächst alle selbst ein und besetzt sie danach mit Gruppenteilnehmern. Das Bühnengeschehen entwickelt sich dabei frei assoziativ.

Von Roine[91] stammt die Technik, die vor allem für Träume mit besonders belastenden Inhalten gedacht ist. Ähnlich wie im Playback-Theater (Der Traum im Playback-Theater) von Jonathan Fox[92] erzählt

---

89 ebenda, S. 251
90 ebenda, S. 251 f.
91 ebenda, S. 252
92 Fox J (1996) Renaissance einer alten Tradition – Playback Theater. In: Scenario, München

3. Vorlesung: Erleben des Traumes

der Protagonist seinen Traum am Rand der Bühne, während ein Stellvertreter die erzählte Szene für ihn auf der Bühne darstellt. Die übrigen Rollen einschließlich etwaiger Antagonistenrollen werden von anderen Gruppenteilnehmern spontan übernommen. Ohne allzu stark emotional involviert zu sein, kann der Protagonist so z. B. seinen Albtraum von außen, aus sicherer Distanz betrachten. Ähnlich wie bei einigen psychodramatischen, traumatherapeutischen Vorgehensweisen kann der Therapeut den Protagonisten fragen, was er an der Szene ändern möchte. Dies wird dann stellvertretend durch die Rollenspieler auf der Bühne handelnd umgesetzt. Nach Abschluss der Traumdarstellung auf der Bühne, die sowohl »nur« nach der erinnerten Traumhandlung als auch mit einer Traumfortsetzung enden kann, gibt es aus dem Kreis der Mitspieler ein Rollenfeedback aus ihren jeweiligen Rollen. Die Teilnehmer berichten, was sie in ihren Rollen gefühlt, gedacht oder erlebt haben bzw. was für Handlungsimpulse sie hatten. Gedanken, Gefühle und Handlungsimpulse, die der Protagonist in Bezug auf den Traum selbst nicht bewusst erlebt, werden im Rollenfeedback, quasi durch die »Außen«-Wahrnehmung der Rollenspieler nachgereicht. Eine zweite Anreicherung geschieht durch das Sharing: Alle, die das Traumspiel auf der Bühne gesehen haben, können dazu eigene Traumbilder oder auch andere Erlebnisse mit der Gruppe teilen. »Ich kenne solche Albträume auch« oder: »Ich kenne eine solche Situation, wie wir sie auf der Bühne gesehen haben, aus meinem Alltagsleben.«

Der Tagtraum

> »Bringen wir Bilder in Bewegung, werden fixierte Vorstellungen bewegt, werden wir flexibler. Wir können dann in der Folge viel besser mit den Schwierigkeiten umgehen, die sich natürlich immer wieder einstellen werden; das Leben mit seinen Imponderabilien wird uns weniger ängstigen. Die Fähigkeit zur Imagination vermittelt uns die Erfahrung von Eigenwirksamkeit: wir können etwas verändern, wir können etwas bewirken. [...]; wir können weiter kulturelle Bilder der Menschen, wie Märchen, Mythen, Rituale, Kunstdarstellungen in unserer Imagination beleben und uns durch sie beleben

lassen. Wir treten dann in Resonanz zu ihnen, werden auf unsere Art kreativ.«[93]

In dem obigen Zitat von Kast schwingt Zuversicht in Bezug auf die konstruktiven und kreativen Kräfte des Menschen mit. Bereits in den vorhergehenden Abschnitten zu der Arbeit mit Träumen wurde deutlich, dass der Traum an sich schon eine kreative Leistung des Träumers ist. Denkt man salutogen, macht es daher auf jeden Fall Sinn, die Träume im therapeutischen Kontext zu nutzen. In der konkreten psychodramatischen Traumarbeit werden durch das Weiterlaufenlassen der Handlung, das Weiterspielen des Traumes, die Selbstheilungskräfte des Menschen angestoßen.

Man kann dazu den Traum im Modell des *kreativen Zirkels* verstehen, welcher Entwicklungsprozesse im Zusammenhang mit der Mensch-Umwelt-Passung zu beschreiben versucht[94]. Mit dem Tagtraum verhält sich dieser Prozess im Prinzip ähnlich. Eine Tagtraum oder eine Imagination schöpft aus einer Mischung unbewussten und bewussten Materials, das auf der Psychodrama-Bühne ausführlich exploriert werden kann. Auch hier kann, wie schon im Traum, über die unmittelbare erste Imagination hinaus weitergespielt werden, um den kreativen Zirkel anzustoßen.

Bestimmte Varianten der Arbeit mit dem Tagtraum geben ein Startbild vor, z. B. die Katathym Imaginative Psychotherapie von Hanscarl Leuner, eine Wiese, einen Fluss oder einen Wald. Dies kann für die psychodramatische Arbeit verwendet werden, indem zunächst ein Bild innerlich imaginiert, in Grundzügen exploriert und im Anschluss auf der Bühne in Szene gesetzt wird. Das Startbild muss jedoch nicht vorgegeben sein, sondern kann auch von der Protagonistin selbst entwickelt werden. Wie im Albtraumfragment von Hans, der im Traum in einem Kubus saß und dort gut herauskommen wollte, kann z. B. eine gute Lösung für eine

---

93 Kast V (2012) Träume. Die geheimnisvolle Sprache des Unbewussten. Patmos Verlag, Ostfildern, S. 148
94 Ursprünglich von Moreno beschrieben, Erweiterungen vgl. Schacht M (2007) Spontaneity – Creativity: The psychodramatic concept of change. In: Baim C, Burmeister J, Maciel M (Eds.) Psychodrama. Advances in Theory and Practice. Routledge, London, S. 26; Hutter C, Schwehm H (Hrsg.) (2009) J. L. Morenos Werk in Schlüsselbegriffen. VS Verlag, Wiesbaden, S. 26 f.; zusammenfassend: Stadler C (2014) Psychodrama. Ernst Reinhardt Verlag, München, S. 49 ff.

3. Vorlesung: Erleben des Traumes

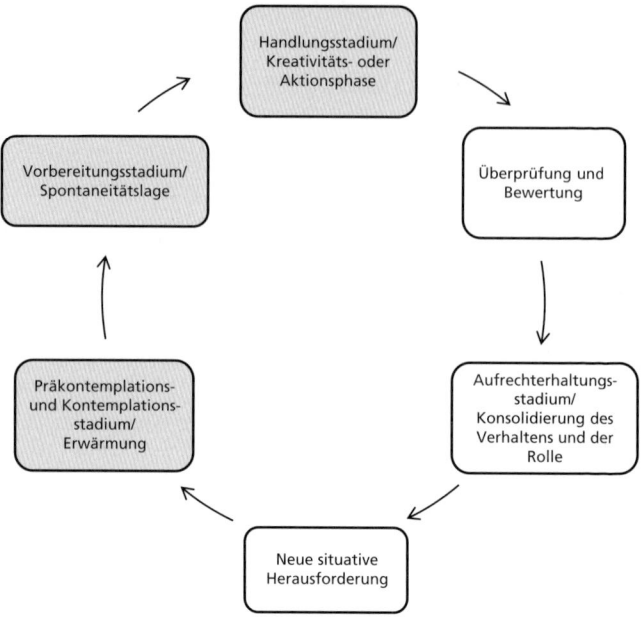

Abb. 11: Kreativer Zirkel
Legende: Die Abbildung zeigt ein Modell des kreativen Zirkels, das um die Begrifflichkeiten von Prochaska und diClemente erweitert wurde. In dem Präkontemplations- und Kontemplationsstadium, der Erwärmungsphase (links unten grau hinterlegt) wäre der Traum anzusiedeln, der für eine innere Fragestellung eine Erwärmung darstellt. Mit dem Weiterspielen auf der Bühne wird der Träumer in die Spontaneitätslage gebracht. Bricht der Traum in der Handlungsphase ab, kann es durch das psychodramatische Weiterspielen gelingen, die Person wieder in ihren kreativ-schöpferischen Zustand zu bringen. Der Prozess auf der rechten Seite (helle Kästen) zeigt die innere Weiterverarbeitung: Ein neues inneres Verarbeitungsmodell wird etabliert, mit dem in neue Situationen gegangen werden kann.

Situation imaginiert werden. Oder die von Kast erwähnten Traumfresserchen, welche die bösen Albträume fressen, werden nach dem Tagtraum auf der Bühne belebt.

Die Imagination oder der Tagtraum kann, muss sich aber nicht auf eine Traumsituation beziehen, wie es im Beispiel von Hans' Traum der Fall ist. Patienten können zum Tagträumen eingeladen werden (»Stellen Sie sich einmal eine entspannte Situation an einem Wohlfühlort vor ...«).

Der Tagtraum

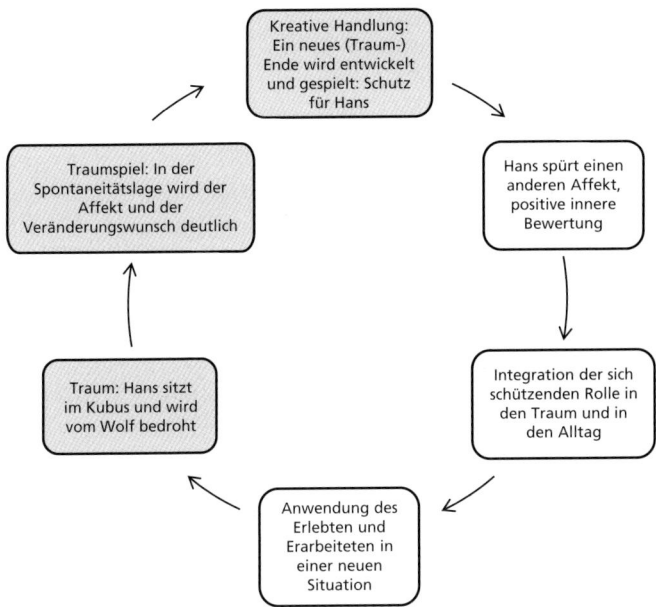

Abb. 12: Traum Hans im kreativen Zirkel
Legende: Die Abbildung zeigt den Traum von Hans im Modell des kreativen Zirkels. In der Erwärmungsphase (links unten grau hinterlegt) ist der ursprüngliche Traum. Mit dem Bühnenspiel und dem Weiterspielen auf der Bühne wird der Träumer in die Spontaneitätslage gebracht. An der Stelle, an welcher der eigentliche Traum abbricht, gelingt es Hans durch das psychodramatische Weiterspielen einer Imagination, sich in einen kreativ-schöpferischen Zustand zu bringen. Der Prozess auf der rechten Seite (helle Kästen) zeigt die innere Weiterverarbeitung: Der Affekt, welcher die Handlung begleitet, und die positive Bewertung (»Wolf wird in Schach gehalten, ich kann mich schützen und werde willkommen geheißen, ich mag das Gefühl der Erleichterung und Freude«) werden von Hans in seinen neuronalen Netzen integriert und können in den Alltag transferiert werden. Dort kommt das Erlebte und Erarbeitete in einer neuen bedrohlichen Situation zum Einsatz.

Das innere Bild wird dann soweit belebt, bis es in seinen Grundzügen steht, dann findet in der handlungsorientierten Psychotherapie der Übergang auf die Bühne statt.

Eine ähnliche Ausgangslage besteht bei der Gruppenimagination.

3. Vorlesung: Erleben des Traumes

Die Gruppenimagination

»Wovon sollen wir träumen, so wie wir sind ...?«[95] heißt es in einem Lied von Frida Gold. Der gemeinsame Tagtraum oder die *Gruppenimagination* ist ein sehr effektives Mittel, um zu verstehen, an was die Gruppe gerade gemeinsam (unbewusst) arbeitet, wovon sie träumt und wie sich jeder Teilnehmer und jede Teilnehmerin in dieser Konstellation positioniert.

Zu Beginn der Sitzung legen sich die Gruppenmitglieder in einem Kreis auf Decken oder Matten auf den Rücken, so dass sich die Schultern oder Köpfe in der Mitte des Kreises berühren. Wer möchte, kann die Augen schließen. Es gibt eine kurze Hinführung zur Entspannung (»Schauen Sie, dass Sie ganz entspannt liegen. Legen Sie dazu Ihre Schultern, Ihre Arme, das Becken und Ihre Beine bewusst ab, achten Sie auf Ihren Atem ...«). Dann beginnt die Gruppe gemeinsam aus dem Stegreif zu imaginieren. Die erste Person, die einen Einfall hat, beginnt laut zu sprechen.

Dazu wird nur ein kurzer Impuls vom Therapeuten gegeben: »Lassen Sie vor Ihrem inneren Auge ein Bild entstehen. Wenn sich ein Bild eingestellt hat, beginnen Sie zu sprechen. Sie können dazu erst einmal die Szene beschreiben oder gleich selbst in eine Rolle gehen. Sie können sich gegenseitig ansprechen. Lassen Sie sich gemeinsam durch die Handlung anregen.«

Alternativ kann vom Therapeuten eine Eingangsszene vorgegeben werden, z. B. »Stellen Sie sich vor, Sie sind auf einer Insel ...« oder »... auf einem Kreuzfahrtschiff ...« oder »am Bahnhof, es ist ein lauer Abend ...« Dies ist u. U. hilfreich, wenn die Gruppe aus Teilnehmern besteht, die es nicht kennen, innere Bilder zu entwickeln. Meist gelingt es aber der Gruppe, innerhalb kürzester Zeit selbst ein Bild herzustellen.

Es gibt verschiedene Startszenarios. Die Geschichte kann in der dritten Person beginnen:

Martin: »Da ist eine Reisegruppe. Das sind Schiffbrüchige.«
Bernhard: »Sie konnten sich auf eine Insel retten und mussten nun lernen, wie sie miteinander in diesem abgeschiedenen Winkel der Welt miteinander klarkommen ...«

---

95 Gold F (2011) Wovon sollen wir träumen?

Die Gruppenimagination

Martin: »Es sind Männer und Frauen und auch zwei Kinder dabei ...«

Sebastian: »Oh, mein Gott, ich weiß gar nicht, wo meine Eltern sind! Habt Ihr meine Eltern gesehen?«

Der Übergang von einer distanzierten Bildbeschreibung in der dritten Person in eine stärkere Identifizierung mit den vorkommenden Personen geschieht meist von allein.

Interaktiver und dichter wird das Startszenario, wenn die Teilnehmer gleich aus einer Rolle heraus in der ersten Person sprechen und dabei auch andere in der zweiten Person ansprechen:

Susanne: »Ich gehe jetzt zum Strand, wer kommt mit? Eva, hast du Lust, mitzukommen?«

Eva: »Hmm ... Strand mag ich jetzt nicht, aber schau mal, da vorne machen ein paar Typen ein Lagerfeuer, da hat einer eine Gitarre. Ob wir uns da dazusetzen können?«

Marlene: »Au ja, da will ich auch mit. Komm, Susanne, zum Strand können wir immer noch ...«

Dieser direkte Einstieg in die Rollen setzt eine gewisse Gruppenerwärmung voraus. Gruppen, die bereits einen gemeinsamen Prozess durchlebt haben, sind in der Regel dafür erwärmt genug. Dies kann der Fall sein, wenn sich die Gruppe im Rahmen einer Selbsterfahrung regelmäßig trifft oder sich im Rahmen eines Workshops bereits näher kennengelernt hat.

Nach einer Phase der gemeinsamen Imagination, während der möglichst jeder und jede mindestens einmal zu Wort kommen sollte (aber nicht muss), gibt der Therapeut die Instruktion, dass die Gruppenteilnehmer sich nun eine Rolle aussuchen (soweit sie zuvor nicht schon in einer Rolle waren) und die Handlung nun nicht mehr nur imaginativ entwickeln, sondern auf der Psychodramabühne gemeinsam miteinander die Szene weiterspielen sollen.

Die Teilnehmer stehen dazu auf, legen die Decken zur Seite, nehmen sich bei Bedarf einige Hilfsmittel zur Einrichtung der Szene (Tücher, Stühle, Decken etc.) und begeben sich in eine Rolle. Diese wird nicht, wie sonst in einem psychodramatischen Gruppenspiel (Soziodrama), abgefragt, da die Teilnehmer bereits über das gemeinsame Imaginieren untereinander in Kontakt sind. Die einzelnen Personen stellen sich in ihren Rollen im Laufe der folgenden Spielphase gegenseitig vor.

Die Gruppe spielt dann solange die Szene weiter, bis alle in der Handlung angekommen sind, am besten, bis einmal ein Handlungstal gemeinsam durchschritten wurde und die Gruppe sich gemeinsam wieder in der Spontaneitätslage befindet.

Dann wird ein letztes Mal das Setting gewechselt. Die Teilnehmer legen sich wie zu Beginn im Kreis auf den Rücken. Die Imagination geht an der Stelle weiter, an der die Handlung auf der Psychodramabühne geendet hat. Nach einer kurzen gemeinsamen Imaginationsphase beschließen die Gruppenmitglieder das Bild auf ihrer jeweils inneren Bühne. Das bedeutet, dass jede Person den Abschluss für sich im Stillen findet.

In der daran anschließenden Nachbesprechungsphase, die Teilnehmer sind dazu aus ihren Rollen ausgestiegen und sitzen im Stuhlkreis, werden Fragen geklärt wie:

- Welche Rolle(n) in der Imagination und im Spiel kenne ich aus meinem Alltagsleben?
- Welche Rolle(n) waren mir neu/fremd?
- Mit wem hatte ich Kontakt in der Imagination bzw. im Spiel? (gruppendynamischer Aspekt)
- Welche Spielphase fiel mir am leichtesten, das gemeinsame Imaginieren, das gemeinsame Spiel, das alleinige Imaginieren?
- Eventuell: Was nehme ich dafür in meinen Alltag mit?

Zusammenfassend ist der Ablauf einer psychodramatischen Gruppenimagination:

1. Gruppe liegt sternförmig auf dem Boden, Entspannung,
2. Innere Bilder werden gemeinsam imaginiert und erzählt,
3. Spielphase durch Übernahme der imaginierten Rollen,
4. Gruppenimaginationsphase weiterer innerer Bilder,
5. Abschließende Einzelimagination in der Gruppe,
6. Nachbesprechung.

Fortlaufende psychotherapeutische Gruppen oder Selbsterfahrungsgruppen, die über einige Tage laufen, entwickeln in dem gemeinsamen Prozess jeweils gruppenspezifische Themen. Nicht alle dieser Themen sind

Die Gruppenimagination

für die Teilnehmer, manchmal auch nicht für den Therapeuten, bewusst erleb- und benennbar, dennoch prägen sie das Gruppengeschehen. Mithilfe des Arrangements der Gruppenimagination finden solche Prozesse und Themen ein Gefäß. Das Imaginieren und das Spielen im Stegreifmodus sind hilfreich, mit diesen un- oder vorbewussten Themen konstruktiv umzugehen. Gerade wenn sperrige und unverständliche Gruppendynamiken vorliegen, bietet diese Arbeitsform eine hervorragende und zugleich niederschwellige Chance, als Gruppe gemeinsam damit umzugehen. Meist ist danach ein roter Faden durch den gemeinsamen Prozess für die Gruppe leichter erkennbar. Und für Situationen, die vorher nicht aufgelöst werden konnten, kann die Gruppe ein Lösungsbild oder eine weiterführende Szene finden.

4. Vorlesung
Das Märchen

Während sich der Traum mit dem dynamischen Unbewussten *einer* Person beschäftigt, erschließt das Märchen und der Mythos den Zugang zum *kollektiven* Unbewussten (vgl. Ermann[96]). Märchen sind Prosatexte, die in Form von Volksmärchen mündlich oder in Form von Kunstmärchen einzelner Autoren überliefert wurden. Die bekanntesten sind die Märchen der Gebrüder Grimm, die sich von daher auch am besten in der Psychotherapie einsetzen lassen. Meist stehen Helden im Mittelpunkt, die bestimmte Aufgaben bewältigen müssen, einen Individuationsweg beschreiten. Gut und Böse, falsch und richtig sind in der Regel klar voneinander getrennt, womit eine handlungsleitende Moral mehr oder weniger implizit durch die Geschichte vermittelt wird. Es stehen Hexen, Zwerge und Verführer auf der einen Seite, Edelleute und Retter auf der anderen. Wenig empathische Stiefmütter malträtieren (zunächst hilflose) Kinder. In den Märchen finden sich Lebensthemen ambivalenzbereinigt und pointiert, die, lässt man sich auf eine Rolle ein, erlauben, sich mit Herausforderungen auseinanderzusetzen, ohne dass man dies zunächst bemerkt. Die Märchenrolle schreibt vor, dass man ein lästerlicher Räuber oder eine eifersüchtige Hexe ist, dass man von einem Prinzen auf dem Schimmel gerettet wird, von einem Wolf im Wald gefressen wird oder sich selbst als Wolf alles einverleibt, was essbar ist. Man kann seinen Ehemann herumkommandieren, seine Kinder verstoßen, andere um ihre Schönheit und ihre Kinder beneiden und deshalb vergiften, Frösche an die Wand werfen, die Habseligkeiten seiner zukünftigen Frau zertrümmern, aber auch alt und weise sein, edel und treu

---

96 Ermann M (2014) Träume und Träumen. 2. Aufl. Kohlhammer, Stuttgart, S. 29

oder einfach die Schönste im Lande sein. Anything goes! Keine Emotion, kein Gedanke und kein Handlungsimpuls, der im geschützten Rahmen des Märchens nicht möglich wäre. Viele der angebotenen »bösen« Rollen sind außerhalb des Märchenkontextes in ihrer Reinform tabu, und viele der »guten« Rollen mögen zwar gesellschaftlich oder als Individuationsziel erwünscht sein, aber für Menschen aus Fleisch und Blut sind sie häufig unerreichbar. Ambivalenz gehört nun einmal zum affektiven und kognitiven Alltag.

Der Einsatz des Märchens in der Psychotherapie

Der Einsatz gemeinsamer kultureller Bilder in der Psychotherapie ist nicht neu. Die meisten märchenkundigen Psychotherapeuten haben wahrscheinlich schon einmal eines gegenüber einem Patienten einfließen lassen. »Die Situation, die Sie gerade beschreiben, erinnert mich jetzt spontan an die Geschichte von Hänsel und Gretel, als die Kinder mitbekommen, dass sich der Vater bei der Stiefmutter nicht durchsetzen kann ...« oder Ähnliches, um das Thema des Patienten etwas mehr auf den Punkt zu bringen. Nossrat Peseschkian hat mit seinem Bestseller vom »Kaufmann und dem Papagei«[97] den Weg für die Geschichten in die Psychotherapie geebnet. Es gibt seit langem zahlreiche ausgezeichnete Bücher, die sich mit psychotherapeutischer, meist psychodynamisch orientierter Märchendeutung beschäftigen[98]. In der handlungsorientierten Psychodramatherapie werden Märchen, wie bereits die Träume, jedoch nicht gedeutet, sondern kommen als Märchenspiele zum

---

97 Peseschkian N (1979) Der Kaufmann und der Papagei: Orientalische Geschichten in der Positiven Psychotherapie. 33. Auflage. Fischer, Frankfurt a. M.
98 Z. B. Kast V (2012) Das Mädchen im Sternenkleid – und andere Befreiungsgeschichten im Märchen Patmos Verlag, Ostfildern; Drewermann E (2011) Vom Weg der Liebe – Aschenputtel, Schneewittchen und Marienkind tiefenpsychologisch gedeutet. Patmos Verlag, Ostfildern

4. Vorlesung: Das Märchen

Einsatz. Die Märchen werden dabei als Ausgangsmaterial und als Amplifikation, also als eine Vergrößerung und Verdeutlichung einer Symptomszene oder eines Themas, verstanden.

Abb. 13: Die Bremer Stadtmusikanten[99]

»Die *Amplifikation* ist ein kulturelles Sharing. Die von einem Protagonisten gezeigte Szene wird als Ausgangspunkt genommen für das Teilen durch eine erweiterte Szene, z. B. durch ein Märchen, eine Filmszene, ein Bild, einen Ro-

---

[99] http://www.google.de/imgres?imgurl=http%3A%2F%2F2.bp.blogspot.com%2F-kPdg3bS-fcc%2FUyxKT2gcaSI%2FAAAAAAAA7xw%2FnGgNbhW J7kQ%2Fs1600%2FP3217943.JPG&imgrefurl=http%3A%2F%2Fvsbv.blogspot.com%2F2014%2F03%2Falte-marchenbilder-in-der-schule.html&h=1142&w=1600&tbnid=ZdldLh7bHJk7tM%3A&zoom=1&docid=Ck_1rqevT8sWhM&ei=w6iWU8yXOYG-O-3lgYAF&tbm=isch&iact=rc&uact=3&dur=2165&page=3&start=82&ndsp=45&ved= 0CNMCEK0DMF0; Blog von Boczek R (Abruf 10.06.2014)

man. Wesentlich dabei ist, dass es aus dem weiteren kulturellen Kontext, also nicht aus dem unmittelbaren soziokulturellen Atom des Protagonisten stammt. Ähnlich wie das Sharing[100] vermittelt die Amplifikation dem Protagonisten das Gefühl von normaler, stimmiger Identität: ›so wie ich bin, ist es normal, ... anderen geht es genauso.‹ [...] besonders bei der Amplifikation verhilft der Verfremdungseffekt zur ursprünglichen Szene zu etwas Distanz, und so können Protagonisten ihre eigenen, in der konkreten Szene zu nahen Erfahrungen plötzlich besser in ihrer Struktur erfassen.«[101]

Einsatz von Märchenfiguren und kurzen Märchenszenen im Psychodrama

Ein niederschwelliger Einsatz von Märchenmaterial im Psychodrama ist die Aktivierung einzelner Märchenfiguren. Dieses Vorgehen ist besonders zu Beginn einer Gruppen- oder einer Seminareinheit hilfreich, da sich die Teilnehmerinnen und Teilnehmer so auf einer unbewussten Ebene relativ schnell von einer Seite kennenlernen können, welche sonst zunächst nur schwer in Sprache zu fassen wäre.

Begegnung in Märchenrollen

Die Gruppenmitglieder werden hierzu im Stuhlkreis gebeten, an ein Märchen zu denken. In diesem Märchen dann an eine Märchenfigur – es muss nicht die Hauptperson sein – und schließlich an eine Szene, in der eben diese Figur vorkommt.

Im Anschluss an diese kurze Imagination werden sie gebeten, sich in die Rollen ihrer jeweiligen Märchenfiguren zu begeben und sich auf der Psychodrama Bühne in diesen zu begegnen.

---

100 Das Sharing ist eine Psychodrama-Technik. Es geht dabei um das (Mit-)Teilen einer gemeinsamen Erfahrung (to share). Vgl.: Stadler C (2014) Psychodrama, Ernst Reinhardt Verlag, München, S. 150 f.
101 Stadler C (2014) Psychodrama, Ernst Reinhardt Verlag, München, S. 151 f.

4. Vorlesung: Das Märchen

Abschluss dieses Vorgehens bildet die gemeinsame Nachbesprechung der Imaginations- und Spielphase.
In der Nachbesprechung werden folgende Fragen behandelt:

- Was von meinem in der Märchen-Rolle gezeigten Verhalten kenne ich aus meinem Alltagsleben?
- Was von dem in der Märchen-Rolle gezeigten Verhalten war neu für mich bzw. würde ich nie in meinem »realen« Leben machen?
- Mit wem hatte ich in der Spielphase Kontakt und mit wem nicht?
- Was erkenne ich für einen Zusammenhang zwischen meiner gewählten Märchenrolle und meinem realen Leben?

Mithilfe der Imagination einer Figur in einer Märchenszene wird eine innere Bühne bei den Teilnehmern eröffnet. Für einen Moment ist jeder in seiner eigenen märchenverfremdeten Welt. In der anschließenden Phase gemeinsam belebter Märchenfiguren und deren Interaktionen tritt die eigene subjektive Welt in Kontakt mit der Welt der anderen. Es gibt Anknüpfungspunkte, wenn man ein Märchen und die Figur eines anderen wiedererkennt, und andere bleiben einem mit ihrer Welt fremd.

Eine etwas längere Intervention, welche stärker als die oben beschriebene die Wahrnehmung anderer Gruppenmitglieder betont, ist die Märchenzuschreibung.

»Du bist wie ...«: Die Märchenzuschreibung

Die Teilnehmer werden gebeten, kurz an ein Märchen zu denken, innerhalb des Märchens an eine bestimmte Figur – es muss nicht die Hauptfigur sein – und an eine konkrete Szene dieser Märchenfigur (siehe oben). Diese eigene Figur wird auf einen Zettel geschrieben, den die Teilnehmer zunächst für sich behalten. Anschließend kleben sich die Teilnehmer gegenseitig ein großes, leeres Blatt (DIN A3 bis Flipchartgröße) auf den Rücken und jeder nimmt sich einen Stift. Nun schreiben sich die Gruppenmitglieder gegenseitig diejenigen Märchen-Figuren auf den Rücken, die ihnen spontan zu den anderen Personen einfallen. Es schreiben alle Personen zu möglichst allen anderen etwas auf die Blätter.

Anschließend werden die Papierbögen abgenommen und es gibt eine ausführliche Auswertungsrunde:

Einsatz von Märchenfiguren und kurzen Märchenszenen

- Was habe ich für Märchenrollen zugewiesen bekommen?
- Sind es alle verschiedene oder gibt es eine Häufung bestimmter Rollen?
- Wie geht es mir mit den auf meinem Blatt vorgefundenen Rollen?
- Kann ich für mich einen Bezug zu mir und zu meiner von mir selbst auf dem Zettel notierten Märchenfigur herstellen?
- Wer hat mir diese Rolle auf den Rücken geschrieben?
- Warum habe ich diese Rolle bekommen?

Um in die Handlung zu kommen, wählen sich die Teilnehmer im Anschluss an die Auswertungsrunde eine zugewiesene Rolle ihres Blattes oder nehmen sich die von ihrem eigenen Zettel und spielen gemeinsam als Gruppe eine Begegnung dieser Märchenfiguren. Mit den Fragen, die bereits oben in der »Begegnung in Märchenrollen« beschrieben wurden, schließt diese Handlungssequenz mit einer erneuten Nachbesprechung.

Die zugewiesenen Rollen fokussieren einen anderen Aspekt als die spontan selbst gewählten. Letztere betonen den Stegreifmodus des Psychodramas: »Leben ist Einatmen, Stegreif, Ausatmen der Seele«[102]. Die zugewiesenen Rollen betonen die Beziehung und die Fremdwahrnehmung bzw. Einfühlung. Es kommt zur Sprache, wie eine Person auf andere wirkt, was sie in anderen auslöst (Gegenübertragung), was auf sie übertragen wird (Übertragung) und welche vorbewusste Realbeziehung die beiden Personen zueinander haben (Telebeziehung).

Mit Märchenfiguren im Einzelsetting

Wie bei der oben für die Gruppe beschriebenen Übung »Begegnung in Märchenrollen« wird der Patient auch im Einzelsetting gebeten, an ein Märchen zu denken, darin an eine Märchenfigur und zuletzt an eine konkrete Szene. Auf der Psychodramabühne wird im Anschluss die Märchenfigur in der imaginierten Szene gestellt, exploriert und gegebenenfalls auch zum handelnden Leben erweckt. Die Bühne kann dabei der Boden sein, die mit Stühlen, Tüchern, Decken oder Kissen als Inter-

---

102 Moreno zitiert nach Leutz GA (1986a) Psychodrama. Springer, Heidelberg, S. 183

mediärobjekten angereichert wird, welche die verschiedenen Märchenfiguren und Bestandteile der Szene verkörpern (somato-psychische Bühne). Übersichtlicher, aber auch weniger intensiv, ist die Arbeit auf der Tischbühne (metaperspektivisch-symbolisierende Bühne). Dort kann eine Märchenszene eingerichtet werden: Der Protagonist stellt die Szene und die Figur darin mit Figuren, Klötzen, Steinen oder Tüchern nach. Nacheinander versetzt sich der Protagonist in die unterschiedlichen Bestandteile, um die eigene aktuelle Märchenfigur mitsamt der umgebenden Szene in ihrer Gesamtheit zu erfassen.

Nachdem nicht nur die Märchenfigur, sondern auch die Märchenszene erfragt wurde, verhält es sich bei der therapeutischen Märchenarbeit wie mit dem Traum. Um den subjektstufigen Gehalt möglichst vollständig zu begreifen, sollte sich der Protagonist das komplette Szenario erschließen. Dafür ist es hilfreich, nicht nur die eigene, gewählte Hauptperson (Märchenfigur) zu beleben, sondern in alle anderen Rollen auch einmal hineinzuschlüpfen.

Am Beispiel des Märchens Schneeweißchen und Rosenrot (▶ **Abb. 14**) war es für eine Protagonistin hilfreich, sowohl die eigene Figur zu explorieren (Rosenrot), als auch die umgebende Szene, die sie in ihrer kurzen Imagination sah (Schneeweißchen, der Zwerg, die Schere, der eingeklemmte Bart sowie der Baum). In dem subjektstufigen Verstehen konnte sie dabei nicht nur sich als die zurückgesetzte, neidische Schwester (Rosenrot) sehen, sondern auch Aspekte von der zupackenden, erfolgreichen Schneeweißchen, dem ärgerlichen und verzweifelten Zwerg und eigenen, behindernden (eingeklemmten) Verhaltensweisen. In der Rolle des Baumes und des Zwerges schienen zusätzlich objektstufig ihre Eltern auf, die sich in einem fortwährenden Nähe-Distanz-Konflikt ineinander verzwickt hatten. Sie konnten nicht mit- und nicht ohne einander, und die Patientin hatte in ihrem Leben schon oft den Wunsch, die Schere zu nehmen, um diese leidvolle Allianz zu lösen.

Einsatz von Märchenfiguren und kurzen Märchenszenen

Abb. 14: Schneeweißchen und Rosenrot[103]

Märchenspiel im psychodramatischen Gruppensetting

Das Märchenspiel in der Gruppe ist eine Sonderform des Soziodramas[104]. Ein Soziodrama sollte im Laufe einer psychodramatischen Gruppentherapie oder Selbsterfahrung regelmäßig stattfinden, um nicht nur eine Therapie *in* der Gruppe, sondern auch eine *Therapie der Gruppe* und ihrer Dynamik zu erzielen.

---

103 http://www.google.de/imgres?imgurl=http%3A%2F%2F2.bp.blogspot.com%2F-kPdg3bS-fcc%2FUyxK12gcaSI%2FAAAAAAAA7xw%2FnGgNbhWJ7kQ%2Fs1600%2FP3217943.JPG&imgrefurl=http%3A%2F%2Fvsbv.blogspot.com%2F2014%2F03%2Falte-marchenbilder-in-der-schule.html&h=1142&w=1600&tbnid=ZdldLh7bHJk7tM%3A&zoom=1&docid=Ck_1rqevT8sWhM&ei=w6iWU8yXOYG-O-3lgYAF&tbm=isch&iact=rc&uact=3&dur=2165&page=3&start=82&ndsp=45&ved=0CNMCEK0DMF0; Blog von Boczek R (Abruf 10.06.2014)
104 Stadler C (2014) Psychodrama. Ernst Reinhardt Verlag, München, S. 94 ff.

4. Vorlesung: Das Märchen

Das Märchenspiel in der Gruppe beginnt wie alle Gruppenspiele oder Soziodramen im Psychodrama mit einer Anwärmungs- und einer Entscheidungsfindungsphase. Das bedeutet, dass die Gruppe auf einen gemeinsamen Handlungsprozess eingestimmt sein muss.

Gruppenanwärmung

In der Regel reicht eine kurze körperliche Anwärmung wie folgende:
»*Bewegt Euch durch den Raum, wobei Ihr so weit wie möglich von den anderen entfernt seid ... Jetzt kommt Euch so nah als möglich ... Auf ein Signal hin bildet bitte schnell einen Kreis und fasst Euch an den Händen. Schaut, wer rechts und links neben Euch steht, schaut die Gruppe an, dann lasst die Hände wieder los ... Einer nach dem anderen begibt sich in die Mitte des Kreises, sagt seinen eigenen Namen in einem bestimmten Rhythmus, jeder spricht den Namen genauso nach, jeder kommt mal dran ... Sucht Euch den Namen einer anderen Person aus, wiederholt ihn im Rhythmus des Gesagten, dann sagt Euren danach in Kombination mit dem ersten ... Improvisiert mit Ton und Rhythmus, einer beginnt, andere schließen sich an, Ihr könnt einen Gefühlsausdruck hineinlegen, Worte einfließen lassen ...*«[105]

Ablauf eines Märchenspieles

Hat sich die Gruppe[106] grundsätzlich für ein Märchenspiel entschieden, beginnt der Prozess der Sammlung konkreter Märchenvorschläge. Die

---

105 In Anlehnung an Watts P (2013) Getting into a myth session. In: Pearson J, Smail M, Watts P (2013) Dramatherapy with Myth and Fairytale. The golden Stories of Sesame. Jessica Kingsley Publishers, London, S. 35 f.
106 An dieser Stelle ist es wichtig zu betonen, dass es sich um ein Märchenspiel Erwachsener handelt. Das Kinderpsychodrama hat ein grundsätzlich anderes Vorgehen (vgl. Aichinger A, Holl W [2010] Psychodrama – Gruppentherapie mit Kindern. Band 1. Springer VS, Wiesbaden; dies. [2011] Resilienzförderung mit Kindern. Kinderpsychodrama. Band 2. Springer VS, Wiesbaden; dies. [2013] Einzel- und Familientherapie mit Kindern: Kinderpsychodrama. Band 3. Springer VS, Wiesbaden; Pruckner H [2001] Das Spiel ist der Königsweg der Kinder – Psychodrama, Soziometrie und Rollenspiel mit Kindern. InScenario, Köln).

Einsatz von Märchenfiguren und kurzen Märchenszenen

Vorschläge werden auf einem Flipchart für alle sichtbar mitgeschrieben, danach entscheidet sich die Gruppe per Mehrheitsentscheid für ein Märchen. Bevor das Märchen nun reihum vorgelesen wird, trifft die Gruppe eine weitere Entscheidung: Soll sich jede Person ihre Rolle selbst wählen, oder werden den Einzelnen ihre Rollen von der Gruppe zugewiesen? Bei letzterer Variante muss ein Vetorecht des Rollenträgers bestehen. Sind diese Fragen geklärt, wird das Märchen verlesen, damit sichergestellt ist, dass alle den gleichen Kenntnisstand über die Rollen und die Handlung haben.

Während des Zuhörens überlegen sich die Gruppenteilnehmer schon einmal, welche Rolle sie gerne selbst übernehmen möchten, bzw. im Falle der zugewiesenen Rollen, wen sie sich in welcher Rolle vorstellen könnten. Dann erfolgt die Rollenvergabe und anschließend begibt sich die ganze Gruppe gemeinsam in ihren jeweiligen Rollen auf die Bühne. Kommen mehrere Personen für eine Rolle in Betracht, kann konsensuell entschieden werden, oder aber die Rolle wird mit zwei Personen besetzt. Bei manchen Rollen hat dies einen besonderen Reiz, z. B. bei *Rumpelstilzchen*, das sich am Ende in der Mitte auseinanderreißt, oder beim Wolf (*Rotkäppchen* oder *Der Wolf und die sieben Geislein*), der eine verführerische und eine brutale Seite hat.

Nach der Rollenbesetzung und der Rolleneinnahme wird das Märchen in einem Zug durchgespielt. Die Märchenspieler haben die Freiheit, den Handlungsplot so zu übernehmen, wie er im Märchen vorgegeben ist, oder aber sich auch während des Spiels für eine spontane Variante zu entscheiden. Die Variantenmöglichkeit wird nicht vorher angekündigt, dies ergibt sich – je nach Gruppendynamik und -konstellation – von alleine. Am Ende des Spiels verlassen alle wieder ihre Rollen und es findet eine ausführliche Nachbesprechung statt.

Bei der Nachbesprechung ist es wichtig, dass nicht einfach die Handlung und die eigene Beteiligung nacherzählt werden, sondern auf folgende Fragen eingegangen wird.

Fragen zur Nachbesprechung eines Märchenspieles

- Was von meinem in der Märchen-Rolle gezeigten Verhalten kenne ich aus meinem Alltagsleben?
- Was von dem in der Märchen-Rolle gezeigten Verhalten war neu für mich bzw. würde ich nie in meinem »realen« Leben machen?

4. Vorlesung: Das Märchen

- Was erkenne ich für einen Zusammenhang zwischen meiner gewählten/zugewiesenen Märchenrolle und meinem realen Leben?
- Im Falle zugewiesener Rollen: Warum habe ich diese Rolle von der Gruppe zugewiesen bekommen? Möchte ich jemand fragen, warum ich diese Rolle bekommen habe?
- Habe ich meine Rolle durchgehalten, oder habe ich die Rolle gewechselt?

An welcher Stelle ist wer berührt?

Eine zusätzliche Möglichkeit, ein Gruppenmärchenspiel auszuwerten ist folgende:

Der Leiter legt ein Seil diagonal durch den Raum, welches den Märchenverlauf symbolisiert. Die Gruppenteilnehmer stellen sich nun jeweils an diejenige Stelle des Seiles respektive Märchens, an der sie am meisten emotional berührt waren – unabhängig von der eigenen Rolle, die sie gespielt hatten.

Der Leiter geht sodann das Märchen ab und befragt die Einzelnen, warum sie an dieser Stelle des Märchens stehen und was sie dabei besonders bewegt.

Steht die ganze Gruppe gehäuft an einer Märchenstelle, erhält man als Gruppe und als Leiter dadurch einen Hinweis auf das Alpha-Thema der Gruppe. Steht z. B. die ganze Gruppe beim Märchen Dornröschen an der Stelle, an welcher der Frosch an die Wand geworfen wird und dadurch zum Prinz verwandelt wird, könnte sich das Gruppenthema um einen Aspekt konstruktiver Aggression in Paarbeziehungen handeln.

Märchenverwendung als Therapeutikum

Der Psychodramatherapeut Erich Franzke hat in seinem Märchenbuch zusammengetragen, was die Vorteile der Märchenverwendung gegenüber direkten Lebensgeschichten bei der Verarbeitung psychisch relevanter Themen sind[107]:

---

107 Franzke E (1991) Märchen und Märchenspiel in der Psychotherapie. Der kreative Umgang mit alten und neuen Geschichten. Huber, Bern

- »Vermeidung der Verletzung von Loyalität- und Solidaritätsgefühlen durch Arbeit auf ›surrealer Märchenebene‹ statt Preisgabe persönlicher und familiärer Daten;
- Verminderung des Alleinseins mit den Schwierigkeiten durch den allgemeingültigen Charakter der Märchen. Somit wird auch die narzisstische Kränkung vermieden, der einzig Unfähige, Abweichende zu sein;
- Vermittlung einer positiven Einstellung zum Herangehen an Konflikte und Probleme;
- Identifizierung mit Märchenhelden (und Nebenfiguren!), die (auch) einen oft schweren Weg zu bewältigen haben und dabei nicht wissen, ob Regeltreue oder Gebotsübertretung weiter führen;
- Das Erleben in Grenzbereichen zwischen realer und Märchenwelt;
- Begegnung mit Repräsentanten von Archetypen und magischen Wesen;
- Begünstigung von Wandlungsphänomenen im Sinne des Stirb und Werde, wobei das Mitgebrachte für die Gestaltung des Neuen nutzbar gemacht wird.«[108]

Fallbeispiele für Märchenspiele in der Gruppe

Drosselbart-Gruppe

Diese Gruppe hatte in der Anfangsrunde zahlreiche Beziehungsthemen benannt, z. B. Trennungssituationen und Situationen von Alleinleben. Auch beschäftigten sich einzelne Teilnehmer mit Themen der Abgrenzung und der Frage des eigenen Platz-Findens im Leben. Wollte man die Lage der Mehrheit in der Gruppe klinisch beschreiben, könnte man von einem übergreifenden Thema *Autonomie–Anpassung* sprechen. Sie wählte als Märchen *König Drosselbart*.

---

108 ebenda, S. 8

4. Vorlesung: Das Märchen

König Drosselbart

Ein König hatte eine Tochter, die war über alle Maßen schön, aber dabei so stolz und übermütig, daß ihr kein Freier gut genug war. Sie wies einen nach dem andern ab und trieb noch dazu Spott mit ihnen. Einmal ließ der König ein großes Fest anstellen und ladete dazu aus der Nähe und Ferne die heiratslustigen Männer ein. Sie wurden alle in eine Reihe nach Rang und Stand geordnet: erst kamen die Könige, dann die Herzöge, die Fürsten, Grafen und Freiherrn, zuletzt die Edelleute. Nun ward die Königstochter durch die Reihen geführt, aber an jedem hatte sie etwas auszusetzen. Der eine war ihr zu dick, »das Weinfaß!« sprach sie. Der andere zu lang, »lang und schwank hat keinen Gang«. Der dritte zu kurz, »kurz und dick hat kein Geschick«. Der vierte zu blaß, »der bleiche Tod!« Der fünfte zu rot, »der Zinshahn!« Der sechste war nicht grad genug, »grünes Holz, hinterm Ofen getrocknet«. Und so hatte sie an einem jeden etwas auszusetzen, besonders aber machte sie sich über einen guten König lustig, der ganz oben stand, und dem das Kinn ein wenig krumm gewachsen war. »Ei«, rief sie und lachte, »der hat ein Kinn, wie die Drossel einen Schnabel«; und seit der Zeit bekam er den Namen Drosselbart. Der alte König aber, als er sah, daß seine Tochter nichts that als über die Leute spotten und alle Freier, die da versammelt waren, verschmähte, ward er zornig und schwur sie sollte den ersten besten Bettler zum Mann nehmen, der vor seine Thüre käme.

Ein paar Tage darauf hub ein Spielmann an unter dem Fenster zu singen, um damit ein geringes Almosen zu verdienen. Als es der König hörte, sprach er: »Laßt ihn herauf kommen«. Da trat der Spielmann in seinen schmutzigen Kleidern herein, sang vor dem König und seiner Tochter, und bat, als er fertig war, um eine milde Gabe. Der König sprach: »Dein Gesang hat mir so wohl gefallen, daß ich dir meine Tochter da zur Frau geben will«. Die Königstochter erschrak, aber der König sagte: »Ich habe den Eid gethan, dich dem ersten besten Bettelmann zu geben, den will ich auch halten«. Es half keine Einrede, der Pfarrer ward geholt, und sie mußte sich gleich mit dem Spielmann trauen lassen. Als das geschehen war, sprach der König: »Nun schickt sich nicht, daß du als ein Bettelweib noch länger in meinem Schloß bleibst, du kannst nun mit deinem Manne weiter ziehen«.

Der Bettelmann führte sie an der Hand hinaus, und sie mußte mit ihm zu Fuß fortgehen. Als sie da in einen großen Wald kamen, fragte sie:

»Ach, wem gehört der schöne Wald?«
»Der gehört dem König Drosselbart;
hättst du'n genommen, so wär er dein.«
»Ich arme Jungfer zart,
ach, hätt ich genommen den König Drosselbart!«

Darauf kamen sie über eine Wiese, da fragte sie wieder

»Wem gehört die schöne grüne Wiese?«
»Sie gehört dem König Drosselbart;
hättst du'n genommen, so wär sie dein.«
»Ich arme Jungfer zart,
ach, hätt ich genommen den König Drosselbart!«

Dann kamen sie durch eine große Stadt, da fragte sie wieder

»Wem gehört diese schöne große Stadt?«
»Sie gehört dem König Drosselbart,
hättst du'n genommen, so wär sie dein.«
»Ich arme Jungfer zart,
ach, hätt ich genommen den König Drosselbart!«

»Es gefällt mir gar nicht«, *sprach der Spielmann,* »daß du dir immer einen andern zum Mann wünschest, bin ich dir nicht gut genug?« *Endlich kamen sie an ein ganz kleines Häuschen, da sprach sie:*

»Oh, Gott, was ist das Haus so klein!
wem mag das elende winzige Häuschen sein?«

Der Spielmann antwortete: »Das ist mein und dein Haus, wo wir zusammen wohnen«. *Sie mußte sich bücken, damit sie zu der niedrigen Thür hinein kam.* »Wo sind die Diener?« *sprach die Königstochter.* »Was Diener!« *antwortete der Bettelmann,* »du mußt selber thun, was du willst gethan haben. Mach nur gleich Feuer an und stell*

4. Vorlesung: Das Märchen

Wasser auf, daß du mir mein Essen kochst; ich bin ganz müde.« Die Königstochter verstand aber nichts vom Feueranmachen und Kochen, und der Bettelmann mußte selber mit Hand anlegen, daß es noch so leidlich gieng. Als sie die schmale Kost verzehrt hatten, legten sie sich zu Bett, aber am Morgen trieb er sie schon ganz früh heraus, weil sie das Haus besorgen sollte. Ein paar Tage lebten sie auf diese Art schlecht und recht, und zehrten ihren Vorrat auf. Da sprach der Mann: »Frau, so gehts nicht länger, daß wir hier zehren und nichts verdienen. Du sollst Körbe flechten.« Er gieng aus, schnitt Weiden und brachte sie heim; da fing sie an zu flechten, aber die harten Weiden stachen ihr die zarten Hände wund. »Ich sehe das geht nicht«, sprach der Mann, »spinn lieber, vielleicht kannst du das besser.« Sie setzte sich hin und versuchte zu spinnen, aber der harte Faden schnitt ihr bald in die weichen Finger, daß das Blut daran herunter lief. »Siehst du«, sprach der Mann, »du taugst zu keiner Arbeit, mit dir bin ich schlimm angekommen. Nun will ichs versuchen und einen Handel mit Töpfen und irdenem Geschirr anfangen; du sollst dich auf den Markt setzen und die Waare feil halten«. »Ach«, dachte sie, »wenn auf den Markt Leute aus meines Vaters Reich kommen und sehen mich da sitzen und feil halten, wie werden sie mich verspotten!« Aber es half nichts, sie mußte sich fügen, wenn sie nicht Hungers sterben wollten. Das erstemal gings gut, denn die Leute kauften der Frau, weil sie schön war, gern ihre Waare ab und bezahlten, was sie forderte; ja, viele gaben ihr das Geld und ließen ihr die Töpfe noch dazu. Nun lebten sie von dem Erworbenen, so lang es dauerte, da handelte der Mann wieder eine Menge neues Geschirr ein. Sie setzte sich an eine Ecke des Marktes und stellte es um sich her und hielt feil. Da kam plötzlich ein trunkener Husar daher gejagt und ritt gerade zu in die Töpfe hinein, daß alles in tausend Scherben zersprang. Sie fing an zu weinen und wußte vor Angst nicht, was sie anfangen sollte. »Ach, wie wird mirs ergehen!« rief sie, »was wird mein Mann dazu sagen!« Sie lief heim und erzählte ihm das Unglück. »Wer setzt sich auch an die Ecke des Marktes mit irdenem Geschirr!« sprach der Mann, »laß nur das Weinen, ich sehe wohl, du bist zu keiner ordentlichen Arbeit zu gebrauchen. Da bin ich in unsers Königs Schloß gewesen und habe gefragt, ob sie nicht eine Küchenmagd brauchen könnten, und sie

haben mir versprochen, sie wollten dich dazu nehmen; dafür bekommst du freies Essen.«
Nun ward die Königstochter eine Küchenmagd, mußte dem Koch zur Hand gehen und die sauerste Arbeit thun. Sie machte sich in beiden Seitentaschen ein Töpfchen fest, darin trug sie nach Haus, was ihr von dem übrig gebliebenen zu Theil ward, und davon nährten sie sich. Einstmals sollte die Hochzeit des ältesten Königssohnes gefeiert werden, da gieng die arme Frau hinauf, stellte sich vor die Saaltüre und wollte zusehen. Als nun die Lichter angezündet waren, und immer einer schöner als der andere hereintrat, und alles voll Pracht und Herrlichkeit war, da dachte sie mit betrübtem Herzen an ihr Schicksal und verwünschte ihren Stolz und Übermut, der sie erniedrigt und in so große Armut gestürzt hatte. Von den köstlichen Speisen, die da ein- und ausgetragen wurden, warfen ihr die Diener manchmal ein paar Brocken zu, die that sie in ihr Töpfchen und wollte sie heim tragen. Auf einmal trat der Königssohn heran, war in Samt und Seide gekleidet und hatte goldene Ketten um den Hals, und als er die schöne Frau in der Thüre stehen sah, ergriff er sie schnell bei der Hand und wollte mit ihr tanzen, aber sie weigerte sich und erschrak, denn sie sah, daß es der König Drosselbart war, der um sie gefreit und den sie mit Spott abgewiesen hatte. Ihr Sträuben half nichts, er zog sie in den Saal, da zerriß das Band, an welchem die Taschen hingen, und die Töpfe fielen heraus, daß die Suppe floß und die Brocken umher sprangen. Und wie das die Leute sahen, entstand ein allgemeines Gelächter und Spotten, und sie war so beschämt, daß sie sich lieber tausend Klafter unter die Erde gewünscht hätte. Sie sprang zur Thüre hinaus und wollte entfliehen, aber auf der Treppe holte sie ein Mann ein und brachte sie zurück, und wie sie ihn ansah, war es wieder der König Drosselbart. Er sprach ihr freundlich zu, »fürchte dich nicht, ich und der Spielmann, der mit dir in dem elenden Häuschen gewohnt hat, sind eins: dir zu Liebe habe ich mich so verstellt, und der Husar, der dir die Töpfe entzwei geritten hat, bin ich auch gewesen. Das alles ist geschehen, um deinen stolzen Sinn zu beugen und dich für den Hochmut zu strafen, womit du mich verspottet hast«. Da weinte sie bitterlich und sagte: »Ich habe großes Unrecht gethan und bin nicht wert deine Frau zu sein«. Er aber sprach: »Tröste dich, die bösen Tage sind vorüber, jetzt wollen wir unsere Hochzeit feiern«. Da kamen

4. Vorlesung: Das Märchen

> *die Kammerfrauen und thaten ihr die prächtigsten Kleider an, und ihr Vater kam und der ganze Hof, und wünschten ihr Glück zu ihrer Vermählung mit dem König Drosselbart, und die rechte Freude fing jetzt erst an. Ich wollte du und ich, wir wären auch dabei gewesen.*[109]

Zu dem beherrschenden Gruppenthema *Autonomie–Anpassung* passt die Wahl des Märchens *König Drosselbart*, in welchem es um eine junge Frau geht, die ihre Rolle als Frau noch nicht gefunden hat (die Mutter kommt im Märchen nicht vor) und in der Identifikation mit dem mächtigen Vater alle Männer verspottet und ablehnt. Im Märchen wird die Frau dafür von ihrem Vater und ihrem späteren Gemahl gedemütigt, aggressiv behandelt, getäuscht und beschämt, um am Ende vom Königssohn zur Frau genommen zu werden. Es stellt sich (wieder) ein Machtgefälle ein, die junge Frau lernt Demut. Es greift sicher zu kurz, dies auf eine Mann-Frau-Thematik zu beziehen: Allgemeiner geht es um das Thema der Ausgewogenheit von Selbstbehauptung und Demut in Beziehungen. Dies traf für die Mehrheit der Gruppe ihre innere Fragestellung.

So zeigte eine Teilnehmerin zuvor in der Gruppe auf der Psychodrama-Bühne eine kurze Szene, in der sie sich durch rücksichtsloses Verhalten von Männern und Frauen in einem Vortrag (laute Nebengespräche, störendes Fotografieren, viel Platz einnehmen, zu spät kommen …) provoziert fühlte und dieses Verhalten als sehr aggressiv empfand. Sie konnte aber ihren Platz nicht angemessen einnehmen und verteidigen. Wie der betrunkene Husar, der das Tongeschirr der Frau im Märchen zusammenreitet, und diese sich nicht zur Wehr setzen kann.

Dornröschen-Gruppe

Diese Gruppe beschäftigte sich im Vorfeld mit Träumen zu einem Paarthema und zu einem elterlichen Erbe und einer Geschwisterkonstellation

---

[109] Grimm J, Grimm W, Die schönsten Kinder und Hausmärchen. Hille und Partner, http://gutenberg.spiegel.de/buch/6248/40; Abruf: 10.06.2014

(siehe Traum Johannes, S. 59 f, und Traum Beate, S. 80 f.). Sie wählten das Märchen *Dornröschen.*

Dornröschen

Vor Zeiten war ein König und eine Königin, die sprachen jeden Tag: »Ach, wenn wir doch ein Kind hätten!« und kriegten immer keins. Da trug es sich zu, als die Königin einmal im Bade saß, daß ein Frosch aus dem Wasser ans Land kroch und zu ihr sprach: »Dein Wunsch wird erfüllt werden, ehe ein Jahr vergeht, wirst du eine Tochter zur Welt bringen.«

Was der Frosch gesagt hatte, das geschah, und die Königin gebar ein Mädchen, das war so schön, daß der König vor Freude sich nicht zu fassen wußte und ein großes Fest anstellte. Er ladete nicht bloß seine Verwandten, Freunde und Bekannten, sondern auch die weisen Frauen dazu ein, damit sie dem Kind hold und gewogen wären. Es waren ihrer dreizehn in seinem Reiche, weil er aber nur zwölf goldene Teller hatte, von welchen sie essen sollten, so mußte eine von ihnen daheim bleiben.

Das Fest ward mit aller Pracht gefeiert, und als es zu Ende war, beschenkten die weisen Frauen das Kind mit ihren Wundergaben: die eine mit Tugend, die andere mit Schönheit, die dritte mit Reichtum und so mit allem, was auf der Welt zu wünschen ist. Als elfe ihre Sprüche eben getan hatten, trat plötzlich die dreizehnte herein. Sie wollte sich dafür rächen, daß sie nicht eingeladen war, und ohne jemand zu grüßen oder nur anzusehen, rief sie mit lauter Stimme: »Die Königstochter soll sich in ihrem fünfzehnten Jahr an einer Spindel stechen und tot hinfallen.« Und ohne ein Wort weiter zu sprechen kehrte sie sich um und verließ den Saal. Alle waren erschrocken, da trat die zwölfte hervor, die ihren Wunsch noch übrig hatte, und weil sie den bösen Spruch nicht aufheben, sondern ihn nur mildern konnte, so sagte sie: »Es soll aber kein Tod sein, sondern ein hundertjähriger tiefer Schlaf, in welchen die Königstochter fällt.«

Der König, der sein liebes Kind vor dem Unglück gern bewahren wollte, ließ den Befehl ausgehen, daß alle Spindeln im ganzen Königreiche sollten verbrannt werden. An dem Mädchen aber wurden die Gaben der weisen Frauen sämtlich erfüllt, denn es war so schön, sittsam, freundlich und verständig, daß es jedermann, der es ansah, liebhaben mußte. Es geschah, daß an dem Tage, wo es gerade fünfzehn Jahre alt ward, der König und die Königin nicht zu Haus waren und das Mädchen ganz allein im Schloß zurückblieb. Da ging es allerorten herum, besah Stuben und Kammern, wie es Lust hatte, und kam endlich auch an einen alten Turm. Es stieg die enge Wendeltreppe hinauf und gelangte zu einer kleinen Türe. In dem Schloß steckte ein verrosteter Schlüssel, und als es ihn umdrehte, sprang die Türe auf, und da saß in einem kleinen Stübchen eine alte Frau mit einer Spindel und spann emsig ihren Flachs. »Guten Tag, du altes Mütterchen«, sprach die Königstochter, »was machst du da?« »Ich spinne«, sagte die Alte und nickte mit dem Kopf. »Was ist das für ein Ding, das so lustig herumspringt?« sprach das Mädchen, nahm die Spindel und wollte auch spinnen. Kaum hatte sie aber die Spindel angerührt so ging der Zauberspruch in Erfüllung, und sie stach sich damit in den Finger.

In dem Augenblick aber, wo sie den Stich empfand, fiel sie auf das Bett nieder, das da stand, und lag in einem tiefen Schlaf. Und dieser Schlaf verbreitete sich über das ganze Schloß, der König und die Königin, die eben heimgekommen waren und in den Saal getreten waren, fingen an einzuschlafen und der ganze Hofstaat mit ihnen. Da schliefen auch die Pferde im Stall, die Hunde im Hof, die Tauben auf dem Dache, die Fliegen an der Wand, ja, das Feuer, das auf dem Herde flackerte, ward still und schlief ein, und der Braten hörte auf zu brutzeln, und der Koch, der den Küchenjungen, weil er etwas versehen hatte, an den Haaren ziehen wollte, ließ ihn los und schlief. Und der Wind legte sich, und auf den Bäumen vor dem Schloß regte sich kein Blättchen mehr.

Rings um das Schloß aber begann eine Dornenhecke zu wachsen, die jedes Jahr höher ward und endlich das ganze Schloß umzog und darüber hinauswuchs, daß gar nichts mehr davon zu sehen war, selbst nicht die Fahne auf dem Dach. Es ging aber die Sage in dem Land von dem schönen, schlafenden Dornröschen, denn so ward die Königstochter genannt, also daß von Zeit zu Zeit Königssöhne kamen und durch die Hecke in das Schloß dringen wollten. Es war ihnen aber nicht möglich, denn die Dornen, als hätten sie Hände, hielten fest zusammen, und die Jünglinge blieben darin hängen, konnten sich nicht wieder losmachen und starben eines jämmerlichen Todes. Nach langen, langen Jahren kam wieder einmal ein Königssohn in das Land und hörte, wie ein alter Mann von der Dornenhecke erzählte, es sollte ein Schloß dahinter stehen, in welchem eine wunderschöne Königstochter, Dornröschen genannt, schon seit hundert Jahren schliefe, und mit ihr schliefe der König und die Königin und der ganze Hofstaat. Er wußte auch von seinem Großvater, daß schon viele Königssöhne gekommen wären und versucht hätten, durch die Dornenhecke zu dringen, aber sie wären darin hängengeblieben und eines traurigen Todes gestorben. Da sprach der Jüngling: »Ich fürchte mich nicht, ich will hinaus und das schöne Dornröschen sehen!« Der gute Alte mochte ihm abraten, wie er wollte, er hörte nicht auf seine Worte. Nun waren aber gerade die hundert Jahre verflossen, und der Tag war gekommen, wo Dornröschen wieder erwachen sollte. Als der Königssohn sich der Dornenhecke näherte, waren es lauter große, schöne Blumen, die taten sich von selbst auseinander und ließen ihn unbeschädigt hindurch, und hinter ihm taten sie sich wieder als eine Hecke zusammen. Im Schloßhof sah er die Pferde und scheckigen Jagdhunde liegen und schlafen, auf dem Dache saßen die Tauben und hatten das Köpfchen unter den Flügel gesteckt. Und als er ins Haus kam, schliefen die Fliegen an der Wand, der Koch in der Küche hielt noch die Hand, als wollte er den Jungen anpacken, und die Magd saß vor dem schwarzen Huhn, das sollte gerupft werden. Da ging er weiter und sah im Saale den ganzen Hofstaat liegen und schlafen, und oben bei dem Throne lagen der König und die Königin. Da ging er noch weiter, und alles war so still, daß er seinen Atem hören konnte, und endlich kam er zu dem Turm und öffnete die Türe zu der kleinen Stube, in welcher Dornröschen schlief. Da lag es und war so schön, daß er die Augen nicht abwenden konnte, und er bückte sich und gab ihm einen Kuß. Wie er es mit dem Kuß berührt hatte, schlug Dornröschen die Augen auf, erwachte und blickte ihn ganz freundlich an. Da gingen sie zusammen herab, und der König erwachte und die Königin und der ganze Hofstaat und sahen einander mit großen Augen an. Und die Pferde im Hof standen auf und rüttelten sich, die Jagdhunde sprangen und wedelten, die Tauben auf dem Dache zogen das Köpfchen unterm Flügel hervor, sahen umher und flogen ins Feld, die Fliegen an den Wänden krochen weiter, das Feuer in der Küche

> *erhob sich, flackerte und kochte das Essen, der Braten fing wieder an zu brutzeln, und der Koch gab dem Jungen eine Ohrfeige, daß er schrie, und die Magd rupfte das Huhn fertig.*
> *Und da wurde die Hochzeit des Königssohns mit dem Dornröschen in aller Pracht gefeiert, und sie lebten vergnügt bis an ihr Ende.*[110]

Das im Traum gespielte Paarthema (eine Frau läuft dem Protagonisten hinterher; er sieht ihr Gesicht nicht; Rehe werden scheu und es zeigen sich Wachhunde, die einen alten Wald bewachen, an dem Fleischfetzen an den Bäumen hängen) findet schließlich im gelesenen Märchen seine Erlösung. Der richtige Prinz kommt zur rechten Zeit und alles wird gut. Aber zunächst laufen viele Prinzen in die Dornenhecke und lassen dort ihr Leben (Fleischfetzen an den Bäumen). Nach dieser Stelle spielt die Gruppe das Märchen anders, als der Märchentext vorgibt. Das gewünschte Kind sträubt sich und will nicht auf die Welt kommen, für elterliche Bedürfnisse benutzt werden, sondern es will gesehen werden. Es verteidigt seinen eigenen Weg schreiend und tobend, und behauptet seine Autonomie. »Ich bin hier, seht mich, ich passe mich nicht an!« Dornröschen will sich auch dann nicht auf die Beziehung einlassen, und selbst der Prinz kommt nur mal vorbei, macht seinen Job und wünscht sich aber statt der geplanten Ehe nur eine unverbindliche Beziehung: »Ich weiß nicht so recht, ich gehe jetzt erst nochmal auf eine Urlaubsreise und schreibe dir dann, Dornröschen.« Der Wald des Traumes (Träumer: »Ich weiß, ich sollte da jetzt rein, aber ich gehe außen herum«) wird zum Schloss bzw. zur Ehe mit Dornröschen, welches nur ambivalent betreten bzw. welche nur unverbindlich eingegangen wird.

In der psychodramatischen Spielsituation wird somit mit einem für die Gruppe bedeutsamen Thema umgegangen, ohne dass dies auf die bewusste Ebene gehoben werden muss. Es wird in der Gruppe kurz zu Assoziationen gesprochen, eine explizite Deutung entfällt jedoch. Im Psychodrama wird darauf vertraut, dass sich der Gruppenprozess weiter dem erwärmten (»heißen«) Thema widmet.

---

110 ebenda, http://gutenberg.spiegel.de/buch/6248/38; Abruf 11.06.2014

Einsatz von Märchenfiguren und kurzen Märchenszenen

Froschkönig-Gruppe

Die Gruppe hatte im Vorfeld bereits mit Märchenfiguren gearbeitet und sich gegenseitig Märchenfiguren auf ein Blatt auf den Rücken geschrieben. Eine Teilnehmerin bekam zweimal die Rolle der *Pechmarie* aus dem Märchen *Frau Holle* zugeschrieben, und obwohl vorher besprochen war, dass in der Nachbesprechungsphase Gelegenheit besteht zu erfragen, warum man eine bestimmte Rolle zugewiesen bekommen habe, konnten die beiden Schreiber nicht identifiziert werden. Daraus ergab sich eine schwierige Gruppendynamik. Die Gruppe entscheidet sich an dieser Stelle für das Märchen *Der Froschkönig oder der eiserne Heinrich*.

Der Froschkönig oder der eiserne Heinrich

In alten Zeiten, als das Wünschen noch geholfen hat, lebte einmal ein König, der hatte wunderschöne Töchter. Die jüngste von ihnen war so schön, daß die Sonne selber, die doch so vieles schon gesehen hat, sich verwunderte, sooft sie ihr ins Gesicht schien. Nahe bei dem Schlosse war ein großer, dunkler Wald, und mitten darin, unter einer alten Linde, war ein Brunnen. Wenn nun der Tag recht heiß war, ging die jüngste Prinzessin hinaus in den Wald und setzte sich an den Rand des kühlen Brunnens. Und wenn sie Langeweile hatte, nahm sie eine goldene Kugel, warf sie in die Höhe und fing sie wieder auf. Das war ihr liebstes Spiel.

Nun trug es sich einmal zu, daß die goldene Kugel der Königstochter nicht in die Händchen fiel, sondern auf die Erde schlug und gerade in den Brunnen hineinrollte. Die Königstochter folgte ihr mit den Augen nach, aber die Kugel verschwand, und der Brunnen war tief, so tief, daß man keinen Grund sah.

Da fing die Prinzessin an zu weinen und weinte immer lauter und konnte sich gar nicht trösten. Als sie so klagte, rief ihr plötzlich jemand zu: »Was hast du nur, Königstochter? Du schreist ja, daß sich ein Stein erbarmen möchte.«

Sie sah sich um, woher die Stimme käme, da erblickte sie einen Frosch, der seinen dicken, häßlichen Kopf aus dem Wasser streckte. »Ach, du bist's, alter Wasserpatscher«, sagte sie. »Ich weine über meine goldene Kugel, die mir in den Brunnen hinabgefallen ist.«

4. Vorlesung: Das Märchen

»*Sei still und weine nicht*«, antwortete der Frosch, »*ich kann wohl Rat schaffen. Aber was gibst du mir, wenn ich dein Spielzeug wieder heraufhole?*«

»*Was du haben willst, lieber Frosch*«, sagte sie, »*meine Kleider, meine Perlen und Edelsteine, auch noch die goldene Krone, die ich trage.*«

Der Frosch antwortete: »*Deine Kleider, deine Perlen und Edelsteine und deine goldene Krone, die mag ich nicht. Aber wenn du mich liebhaben willst und ich dein Geselle und Spielkamerad sein darf, wenn ich an deinem Tischlein neben dir sitzen, von deinem goldenen Tellerlein essen, aus deinem Becherlein trinken, in deinem Bettlein schlafen darf, dann will ich hinuntersteigen und dir die goldene Kugel heraufholen.*«

»*Ach, ja*«, sagte sie, »*ich verspreche dir alles, was du willst, wenn du mir nur die Kugel wiederbringst.*« *Sie dachte aber, der einfältige Frosch mag schwätzen, was er will, der sitzt doch im Wasser bei seinesgleichen und quakt und kann keines Menschen Geselle sein!*

Als der Frosch das Versprechen der Königstochter erhalten hatte, tauchte er seinen Kopf unter, sank hinab, und über ein Weilchen kam er wieder heraufgerudert, hatte die Kugel im Maul und warf sie ins Gras. Die Königstochter war voll Freude, als sie ihr schönes Spielzeug wiedererblickte, hob es auf und sprang damit fort.

»*Warte, warte!*« *rief der Frosch. ›Nimm mich mit, ich kann nicht so laufen wie du!« Aber was half es ihm, daß er ihr sein Quak-quak so laut nachschrie, wie er nur konnte! Sie hörte nicht darauf, eilte nach Hause und hatte den Frosch bald vergessen.*

Am andern Tag, als sie sich mit dem König und allen Hofleuten zur Tafel gesetzt hatte und eben von ihrem goldenen Tellerlein aß, da kam, plitsch platsch, plitsch platsch, etwas die Marmortreppe heraufgekrochen. Als es oben angelangt war, klopfte es an die Tür und rief: »*Königstochter, jüngste, mach mir auf.*«

Sie lief und wollte sehen, wer draußen wäre. Als sie aber aufmachte, saß der Frosch vor der Tür. Da warf sie die Tür hastig zu, setzte sich wieder an den Tisch, und es war ihr ganz ängstlich zumute.

Der König sah wohl, daß ihr das Herz gewaltig klopfte, und sprach: »*Mein Kind, was fürchtest du dich? Steht etwa ein Riese vor der Tür und will dich holen?*«

»*Ach, nein*«, antwortete sie, »*es ist kein Riese, sondern ein garstiger Frosch.*«
  »*Was will der Frosch von dir?*«
  »*Ach, lieber Vater, als ich gestern im Wald bei dem Brunnen saß und spielte, fiel meine goldene Kugel ins Wasser. Als ich deshalb weinte, hat sie mir der Frosch heraufgeholt. Und weil er es durchaus verlangte, versprach ich ihm, er sollte mein Spielgefährte werden. Ich dachte aber nimmermehr, daß er aus seinem Wasser käme. Nun ist er draußen und will zu mir herein.*«
  Da klopfte es zum zweiten Mal, und eine Stimme rief:

»*Königstochter, jüngste,*
Mach mir auf!
Weißt du nicht, was gestern
Du zu mir gesagt
Bei dem kühlen Brunnenwasser?
Königstochter, jüngste,
Mach mir auf!«

Da sagte der König: »*Was du versprochen hast, das mußt du auch halten! Geh nur und mach ihm auf!*«
  Sie ging und öffnete die Tür. Da hüpfte der Frosch herein und hüpfte ihr immer nach bis zu ihrem Stuhl. Dort blieb er sitzen und rief: »*Heb mich hinauf zu dir!*« *Sie zauderte, bis es endlich der König befahl. Als der Frosch auf dem Stuhl war, wollte er auf den Tisch, und als er da saß, sprach er:* »*Nun schieb mir dein goldenes Tellerlein näher, damit wir mitsammen essen können.*« *Der Frosch ließ sich's gut schmecken, ihr aber blieb fast jeder Bissen im Halse stecken.*
  Endlich sprach der Frosch: »*Ich habe mich satt gegessen und bin müde. Nun trag mich in dein Kämmerlein und mach dein seidenes Bettlein zurecht!*« *Die Königstochter fing an zu weinen und fürchtete sich vor dem kalten Frosch, den sie sich nicht anzurühren getraute und der nun in ihrem schönen, reinen Bettlein schlafen sollte.*
  Der König aber wurde zornig und sprach: »*Wer dir geholfen hat, als du in Not warst, den sollst du hernach nicht verachten!*«

4. Vorlesung: Das Märchen

Da packte sie den Frosch mit zwei Fingern, trug ihn hinauf in ihr Kämmerlein und setzte ihn dort in eine Ecke. Als sie aber im Bette lag, kam er gekrochen und sprach: »Ich will schlafen so gut wie du. Heb mich hinauf, oder ich sag's deinem Vater!«

Da wurde sie bitterböse, holte ihn herauf und warf ihn gegen die Wand. »Nun wirst du Ruhe geben«, sagte sie, »du garstiger Frosch!« Als er aber herabfiel, war er kein Frosch mehr, sondern ein Königssohn mit schönen freundlichen Augen. Der war nun nach ihres Vaters Willen ihr lieber Geselle und Gemahl. Er erzählte ihr, er wäre von einer bösen Hexe verwünscht worden, und niemand hätte ihn aus dem Brunnen erlösen können als sie allein, und morgen wollten sie mitsammen in sein Reich gehen.

Und wirklich, am anderen Morgen kam ein Wagen herangefahren, mit acht weißen Pferden bespannt, die hatten weiße Straußfedern auf dem Kopf und gingen in goldenen Ketten. Hinten auf dem Wagen aber stand der Diener des jungen Königs, das war der treue Heinrich.

Der treue Heinrich hatte sich so gekränkt, als sein Herr in einen Frosch verwandelt worden war, daß er drei eiserne Bänder um sein Herz hatte legen lassen, damit es ihm nicht vor Weh und Traurigkeit zerspränge.

Der Wagen sollte nun den jungen König in sein Reich holen. Der treue Heinrich hob ihn und seine junge Gemahlin hinein, stellte sich wieder hinten hinauf und war voll Freude über die Erlösung seines Herrn. Als sie ein Stück des Weges gefahren waren, hörte der Königssohn, daß es hinter ihm krachte, als ob etwas zerbrochen wäre. Da drehte er sich um und rief:

»Heinrich, der Wagen bricht!«

»Nein, Herr, der Wagen nicht,
Es ist ein Band von meinem Herzen,
Das da lag in großen Schmerzen,
Als Ihr in dem Brunnen saßt
Und in einen Frosch verzaubert wart.«

Noch einmal und noch einmal krachte es auf dem Weg, und der Königssohn meinte immer, der Wagen bräche. Doch es waren nur die

> *Bänder, die vom Herzen des treuen Heinrich absprangen, weil sein Herr nun erlöst und glücklich war.*[111]

Im Spiel von Froschkönig wählte die Gruppe ein Märchen, bei dem es unter anderem darum geht, dass der König für die Einhaltung der zuvor gemachten Versprechungen der Prinzessin sorgt (»Du darfst an meinem Tisch sitzen, von meinem Teller essen« etc.): Treue und Verbindlichkeit sind zwei zentrale Märchenthemen. Eine implizite Verarbeitung des Themas und eine Rückmeldung an die Gruppe und den Gruppenleiter, sich an die vereinbarten Regeln zu halten. Interessant ist dabei, dass erst durch den endgültigen Regelverstoß (Frosch an die Wand werfen), also durch den Akt der Aggression die Befreiung und Lösung im Märchen kommt. Die Gruppe hatte die Teilnehmerin, die zuvor zweimal als *Pechmarie* assoziiert wurde, dann im Märchenspiel mit der Rolle der Goldkugel der Prinzessin »belohnt«. Mit der Kugel wie mit der Teilnehmerin wurde zuvor unachtsam umgegangen. Auf der szenischen individuellen Ebene war es für die Teilnehmerin dennoch schwierig, aber sie konnte aus den Rollenwahlen für sich etwas Wertvolles ziehen. Auf der Gruppenprozessebene war es wichtig, dass dies »passiert« war: Die Gruppe hatte sich mit für die Teilnehmer wichtigen Themata (Verbindlichkeit, Treue, Aggression) auseinandergesetzt und eine konstruktive Lösung in der Märchenwahl Froschkönig gefunden.

Variationen des Märchenspieles

Zu den klassischen Vorgehensweisen im Gruppensetting, wie sie oben beschrieben wurden, gibt es eine Reihe größerer und kleinerer Abweichungen.

---

111 ebenda, http://gutenberg.spiegel.de/buch/6248/53; Abruf 11.06.2014

4. Vorlesung: Das Märchen

Märchen verändern

Die Möglichkeit, eine Märchenhandlung zu verändern, wurde bereits oben benannt und im Beispiel der Dornröschen-Gruppe kurz gezeigt. Veränderungen können sich spontan im Spielablauf ergeben; sie können aber auch vom Gruppenleiter absichtlich als Impuls gesetzt werden (»Können Sie jetzt an dieser Stelle bitte die Märchenhandlung verändern ...«).

Märchen im Spiegel

Vereinfacht gesagt, geht es hierbei darum, zweimal dasselbe Märchen zu spielen. Diese Variante stammt von Franzke. Nachdem das Märchen gelesen wurde, werden zwei Rollenbesetzungen gewählt. Das Märchen wird unmittelbar nacheinander mit den unterschiedlichen Rollenbesetzungen gespielt. Die Nachbesprechung findet in diesem Fall erst nach dem zweiten Durchgang statt.

Gruppendynamisch wird dadurch etwa eine Atmosphäre von Rivalität geschürt. Individuelle Noten der einzelnen Rollenträger werden so gut sichtbar und in ihrer jeweiligen Psychodynamik erkennbar. So kann z. B. die Hexe bei Hänsel und Gretel einmal verführerischer und einmal aggressiver gespielt sein.

Märchenhandlungen weiterführen

Wie bereits beim Traum beschrieben, kann das Märchen auch als Ausgangspunkt genommen werden. Die Handlung wird im Stegreifmodus einfach fortgeführt. Durch das Märchen gibt es eine thematische Grundtönung, welche durch die Gruppendynamik und die Gruppenthemen vertieft wird.

Die Antirolle im Märchen

Bei der Antirolle handelt es sich um eine Rolle, die quer zu den eigenen, äußerlich sichtbaren, gewohnten Rollen liegt. Ist jemand z. B. eher harmonieorientiert in Konflikten, wäre eine aggressive Rolle eine Anti-Rolle. Hierzu kann eine Märchenfigur gewählt werden, z. B. der Wolf aus Rotkäppchen. Anti-Rollen werden in der Regel von den anderen Gruppenmitgliedern zugewiesen; pro Spielsituation ist immer nur ein Rollenspieler in der Antirolle. Die Aufgabe der Gruppe in solch einem Antirollen-Märchenspiel ist es dann, der Person mit der Antirolle so die Situationen zuzuspielen, dass sie optimal in die gewünschte Position kommt.

Märchenspiel im Einzelsetting und Monodrama

Ist keine Gruppe vorhanden oder ist es aus anderen Gründen wichtig, dass die Rollen nicht mit Gruppenmitgliedern besetzt werden, wird das Märchen analog zu den Traumsituationen im Einzelsetting oder im Monodrama[112]

Abb. 15: Märchen auf der Tischbühne

---

112 Monodrama bedeutet streng genommen, dass nur der Protagonist spielt. Selbst der Therapeut nimmt dann keine Rolle ein. Der Begriff wird aber häufig als Synonym für das Psychodrama im Einzelsetting verwandt.

auf der somato-psychischen Bühne bzw. auf der metaperspektivisch-symbolisierenden Tischbühne unter Zuhilfenahme von Intermediärobjekten nachgespielt. Ein niederschwelliger Einstieg ist die Verwendung einer kurzen Szene aus einem Märchen (»Wenn Sie an ein Märchen denken, was fällt Ihnen für eine Märchenfigur ein?«) oder aber die Frage nach dem eigenen Lieblingsmärchen, welches dann szenisch dargestellt wird. Die Märchenhandlung wird dann auf dem Tisch nachgespielt. Dabei wechselt der Protagonist in die verschiedenen beteiligten Figuren und entwickelt einen Handlungsablauf sowie die entsprechenden, darin vorkommenden Dialoge.

Bewältigungsmärchen

Starke, nicht bewältigte Erlebnisse, z. B. Traumata oder ein großer Wunsch oder eine große, nicht gestillte Sehnsucht, bleiben in Menschen aktiv und neigen dazu, ihr Leben zu bestimmen, indem sie Rollen und Verhaltensmuster, die zur Wiederholung oder zur Kompensation dienen sollen, verfestigen[113]. Eine für solche Ausgangslagen passende Variante des psychodramatischen Märchenspieles ist das Bewältigungsmärchen[114]. Es ist ein vom Patienten selbst verfasstes Märchen, welches die Funktion der Kompensation bzw. Heilung explizit, also bewusst miteinbezieht und gemäß dem Moreno'schen Diktum »Jedes wahre zweite Mal befreit vom ersten«[115] nach Fertigstellung des Textes in Handlung umsetzt.

Das Bewältigungsmärchen hat damit einen starken Bezug zur Imagination, wie sie C. G. Jung in einem Brief einer Patientin empfahl:

---

113 Stadler C (2013b) Posttraumatische Belastungsstörung und Suchterkrankung. Doppeldiagnose, Komorbidität und Behandlungsimplikationen. In: Kern S, Spitzer-Prochazka S (Hrsg.) (2013) Das Drama der Abhängigkeit. Eine Begegnung in 16 Szenen. Springer VS, Wiesbaden, S. 75 f.
114 Krüger RT (2013a) Wo das Wünschen noch geholfen hat. Die Arbeit mit dem Bewältigungsmärchen. Zeitschrift für Psychodrama und Soziometrie 12(1), 103–112, DOI: 10.1007/s11620-012-0184-3
115 Moreno JL (1980) Psychodrama. Volume 1. Beacon House, Beacon NY, S. 28

»Der schöpferische Weg ist der Beste, dem Unbewussten zu begegnen. Denken Sie sich z. B. eine Fantasie aus und gestalten Sie sie mit allen Ihnen zur Verfügung stehenden Kräften. Gestalten Sie sie, als wären Sie selber die Fantasie oder gehörten zu ihr, so wie Sie eine unentrinnbare Lebenssituation gestalten würden. Alle Schwierigkeiten, denen Sie in einer solchen Fantasie begegnen, sind symbolischer Ausdruck für Ihre psychischen Schwierigkeiten und in dem Maße, wie Sie sie in der Imagination meistern, überwinden Sie sie in Ihrer Psyche.«[116]

Das schreckliche Erlebnis des Traumas ist vorbei, auch wenn es die betroffene Person durch Flashbacks so erleben lässt, als wäre es im Hier und Jetzt. Auch stärkste Sehnsüchte können körperlich empfunden werden. Sie finden jedoch auch nicht im Außen statt, sondern in der Psyche respektive im Kopf der Betroffenen. Diese Tatsache macht sich das Bewältigungsmärchen, eine Form bewusst gesteuerter Imagination, zu eigen. Der Patient imaginiert aktiv und bewusst. Wie Andreas Bourani singt, kann dabei in der Vorstellung in drei Sekunden die Welt erobert, der Himmel gestürmt oder Frieden gestiftet werden[117]. Im Bewusstsein ist alles möglich, denn die vergangene Wirklichkeit ist »nur« noch im eigenen Kopf neuronal abgespeichert. In einer eigenen, persönlichen Bewältigungsgeschichte kann sich die Welt besser, heiler, salutogener gedacht werden, als sie war und zuvor erlebt wurde. Durch die Hinwendung zu einer inneren aktiven und selbst gesteuerten Problemlösungshaltung positioniert sich der Patient anders zu seiner Leidensgeschichte. Er erlebt sich als Beobachtender und als Handelnder. Es entsteht eine emotionale Distanz zum Erlebten, ein Mentalisierungs- und Verarbeitungsprozess. Der Fokus wird auf die Möglichkeit (Potentialität) und nicht mehr so sehr auf die Faktizität gelegt. Der Patient beginnt seine eigene emotionale Zukunft zu gestalten.

Kast beschreibt, dass die Imagination eine bedeutende Ressource zur Bewältigung belastender Lebensumstände sein kann. »Bringen wir Bilder in Bewegung, werden fixierte Vorstellungen bewegt, werden wir flexibler. Wir können dann in der Folge viel besser mit den Schwierigkeiten

---

116 Jung CG (1972) Brief an nicht genannte Adressatin vom 25.11.1932. In: Ders.: Briefe. I. Walter Verlag, Olten, S. 146
117 Vgl. Lied von Andreas Bourani (2011) Nur in meinem Kopf

4. Vorlesung: Das Märchen

umgehen, die sich natürlich immer wieder einstellen werden; das Leben mit seinen Imponderabilien wird uns weniger ängstigen. Die Fähigkeit zur Imagination vermittelt uns die Erfahrung von Eigenwirksamkeit: Wir können etwas verändern, wir können etwas bewirken. Der Rahmen dieser Selbstwirksamkeit ist weit gesteckt. Ganz praktisch antworten unsere Vorstellungen auf die Fragen. Wie soll ich es machen? Wie soll ich es sagen? Wie löse ich das Problem? [...] allgemeiner ausgedrückt, können wir an unseren Emotionen arbeiten, uns beruhigen, uns anregen – verbunden mit Ideen und Vorstellungen; wir können weitere kulturelle Bilder der Menschen, wie Märchen, Mythen, Rituale, Kunstdarstellungen in unserer Imagination beleben und uns durch sie beleben lassen. Wir treten dann in Resonanz zu ihnen, werden auf unsere Weise kreativ.«[118]

Soweit die Imagination. Durch die Kombination der eigenen Lebensgeschichte mit der Imagination, und der Verfremdung durch einen Märchenkontext wird der innere kreative Bewältigungsprozess angestoßen. Sáfrán und Csáky-Pallavicini verstehen daher das Verfassen eines Bewältigungsmärchens als einen kreativen Prozess, »dessen Hauptziel es ist, die Werkzeuge der inneren Prozessarbeit, das Mentalisieren, zu entwickeln und zu stärken.«[119] Jedes Bewältigungsmärchen besteht aus drei Teilen, der eigenen Lebens- und Leidensgeschichte, einer märchenhaften Verwandlung und aus der Erfüllung der ungestillten Sehnsucht. »Ziel des Märchens ist nicht, eine runde Geschichte zu schreiben, und auch nicht, alle Leiden der Kindheit darin unterzubringen. Ziel ist vielmehr, dass die Patientin durch das Distanz schaffende Mittel des Märchenschreibens und durch die Erfüllung von Wünschen anfängt, sich den schweren Erlebnissen ihres Lebens anzunähern und sie zu verarbeiten, ohne aber hierbei von unerträglichen Gefühlen überwältigt zu werden. Dabei soll die Patientin lernen, negative Gefühle zu mentalisieren, ohne von den Gefühlen überflutet zu werden.«[120]

---

[118] Kast V (2012) Träume. Die geheimnisvolle Sprache des Unbewussten. Patmos Verlag, Ostfildern, S. 148
[119] Sáfrán Z, Csáky-Pallavicini K (2013) Das Bewältigungsmärchen in der Gruppentherapie von Menschen mit Traumafolgestörungen – Zusammen in der Not sein. Zeitschrift für Psychodrama und Soziometrie 12(2), S. 273 f.
[120] ebenda

Der Patient beginnt in der dritten Person über sich zu schreiben: »Es war einmal ...«, dann folgt die Geschichte, in die möglichst schon eigene frühere Ressourcen mit einfließen. Im Mittelteil geht es dann um die märchenhafte Verwandlung der Situation. Hierbei geht es um die Lösungsideen, welche den eigentlichen Wunsch des Patienten erfüllt. »Lösungsideen sind zum Beispiel, dass die Hauptperson von Zuhause weggeht, dass sie um Hilfe ruft oder dass sie mit einer helfenden Märchenfigur Freundschaft schließt. Wir benutzen dabei oft die Fantasien, die die Erzählerin auch schon in ihrer Kindheit zur Selbststabilisierung bei belastenden Erlebnissen gefunden hatte (...). Solche Kindheitsfantasien können z. B. sein: ein stabilisierendes, helfendes Tier, ein Hund oder ein Pferd, das die Hauptperson irgendwohin bringen kann. Oder der Gedanke, dass ihre Eltern gar nicht ihre richtigen Eltern sind, dass ihre richtigen Eltern ganz weit weg wohnen und dass sie losgeht, diese zu suchen. Wir können auch in Märchen nach möglichen neuen Lösungen forschen: Schneewittchen flüchtete von zuhause, Aschenputtel hatte einen grünen Zweig auf das Grab ihrer Mutter gesetzt. Der jüngste Bruder hilft auf seinem Wanderweg Tieren, die später aus Dankbarkeit wiederum ihm helfen.«[121] Die Lösungsideen sind meist an einen *Change Agent* gebunden, eine Märchenfigur mit magischen Kräften, welche die Situation verändern kann, z. B. eine Fee, ein Zauberer, Albus Dumbledore aus Harry Potter.

Selbstverständlich wissen die Patienten immer, dass die Verwandlung ein imaginativer Akt ist. Es soll keine »Gehirnwäsche« betrieben werden. Aber der Patient kann sich in der Geschichte im Als-ob-Modus selbst helfen.

Krüger fasst die wesentlichen therapeutischen Mechanismen der Arbeit an einem Bewältigungsmärchen zusammen:

1. »Sie ist eine Distanzierungstechnik.
2. Sie verschafft Zugang zu dem eigenen Selbst.
3. Sie wandelt das Denken im psychischen Äquivalenzmodus um in ein Denken im Als-ob-Modus und fördert so die Fähigkeit zur seelischen Konfliktverarbeitung.«[122]

---

121 ebenda, S. 279
122 Krüger RT (2013a) Wo das Wünschen noch geholfen hat. Die Arbeit mit dem Bewältigungsmärchen. Zeitschrift für Psychodrama und Soziometrie 12(1), S. 109

4. Vorlesung: Das Märchen

Das Bewältigungsmärchen hilft auf zwei Seiten: einerseits können sich die Patienten vom belastenden Ereignis distanzieren, und zur gleichen Zeit können sie sich dem Geschehen auch nähern. Über die Arbeit auf der Symbolbühne, z. B. der Tischbühne mit Figuren oder Klötzen lernen die Patienten szenisch-handelnd die überwältigenden Gefühle soweit herunter zu regulieren, dass sie das traumatische oder sehnsuchtsvoll aufgeladene Ereignis in ihren Erlebenskontext integrieren können. Durch die Beruhigung kann die Alarmreaktion für einen Moment aufgegeben werden (Amygdala-Aktivität), und das Ereignis kann aus dem psychischen Hier-und-Jetzt-Status in eine Erinnerung überführt werden (Hippocampus-Aktivität).

Beates Szene mit der Schwester

Beate, deren Traum (siehe S. 80 f.) von der Erbschaft oben beschrieben wurde, hat folgendes Bewältigungsmärchen entwickelt:
»Es war einmal ein kleines Mädchen, das lebte mit seinen Eltern und seinen zwei Schwestern. Es war die jüngste und war so dünn, dass die Mutter sie immer mit Süßem fütterte, dass sie überhaupt etwas zu sich nahm. Die beiden größeren Schwestern aber waren so eifersüchtig und sprachen: ›Du bekommst alle Liebe von der Mama und wir bekommen nichts‹. Die Jahre vergingen und die drei Mädchen wuchsen heran. Die beiden Älteren haben die kleine Beate immer geärgert und getriezt. Viel später im Leben, als sie alle erwachsen waren, starb die mittlere der Schwestern viel zu früh, und der Vater starb vor Gram kurze Zeit später. Die Mutter lebte noch einige Jahre, am Ende ihres Lebens bei der ältesten Schwester. Beate war eine Heilerin geworden und versorgte die Mutter mit Rat und Tat in Gesundheitsfragen. Vater und Mutter hatten aber ein Grundstück, das sie Beate versprochen hatten, und als schließlich auch die Mutter gestorben war, wollte Beate ihr Grundstück haben. Die ältere Schwester aber begann Beate ihr Recht streitig zu machen und die beiden Schwestern entfernten sich so durch die Zwietracht in ihren Köpfen voneinander, dass sie nicht mehr friedlich miteinander leben konnten. Da kam Abraxas, der Helfer von Beate, und versuchte alles, um die beiden wieder miteinander in Kontakt zu bringen. Beate wünschte sich das Grundstück so sehr, dass sie gar nicht davon ablassen konnte, und die ältere Schwester wollte nicht auf ›ihren‹ Anteil verzichten. Abraxas holt schließlich die Eltern aus dem Grabe und stellt sie vor die beiden. Der

Vater ist entsetzt, wie es solch einen Streit geben könne, und die Mutter erkennt, dass beide Kinder ihre große Sehnsucht so stark auf sie gerichtet hatten, dass sie nicht ohne die Mutter in Eintracht leben können. Im Rollentausch mit den Eltern kann sich Beate in ihrem Wunsch sehen. Wieder zurück in der eigenen Rolle, geht es ihr deutlich besser, als sie sich besonders von der Mutter gesehen fühlt.«

Im Bewältigungsmärchen von Beate kommt noch einmal das Motiv der beiden Kinder, die nicht zu einander finden können, so wie sich auch Dornröschen und der Prinz nicht vereinen konnten trotz größter Anstrengungen (siehe Dornröschen-Gruppe). Der Wunsch zielt auf die emotional nährende Mutter, die aber einen nicht integrierten Hexenaspekt (die 13. Fee) hat und damit die Liebe der Kinder zueinander verhindert. So bearbeitet Beate auf ihrer individuellen Ebene auch das Gruppenthema weiter.

Gruppenmärchen

Ähnlich wie bei der Gruppenimagination geht es beim Gruppenmärchen um den gemeinsamen (unbewussten) Prozess der Gruppe. Hierzu wird von der Gruppe ein Märchen erfunden wie auch bei dem Tagtraum oder der Gruppenimagination. Das Gruppenmärchen hat nur zwei Regeln: Jeder gibt immer nur einen Satz dazu, und man darf nichts zerstören, was andere vorher eingeführt haben, sondern man kann die Handlung nur fortführen[123]. Ist die Handlung abgeschlossen, wird das Gruppenmärchen auf der somatopsychischen Bühne in Szene gesetzt.

Szene, Handlung und Bild

Traum- und Märchenbilder eignen sich ausgezeichnet für die bildnerische Gestaltung. Nachdem die Szenen psychodramatisch belebt und dreidimensional gezeigt wurden, kann die Patientin oder der Patient gefragt werden, welches die Stelle im Traum- oder im Märchenspiel war:

---

123 Vgl. Franzke E (1991) Märchen und Märchenspiel in der Psychotherapie. Der kreative Umgang mit alten und neuen Geschichten. Huber, Bern, S. 57

4. Vorlesung: Das Märchen

- mit der stärksten Identifikation mit einer Figur,
- mit der stärksten Emotion,
- welche Szene am unverständlichsten war.

Diese Szene oder Figur kann dann gezeichnet oder gemalt werden. Durch diese weiter verarbeitende Verdichtung und zusätzliche Umgangsweise können weitere Themen erschlossen und zugänglich gemacht werden. Im Malen und Zeichnen des Traumes[124] oder eines Märchens können neue, weitere Themen entstehen, so kann sich eine besonders freundliche Figur aus dem Traum durch die eigene Hand in eine ambivalente oder schreckliche Figur verwandeln. Eine Szene, die als bedrohlich erlebt wurde, kann im Bild einen hellen, freundlichen Hintergrund bekommen. Hier kann sich eine bereits eingetretene Veränderung zeigen oder aber es meldet sich etwas Übersehenes zu Wort. Aussagen können sich auch wiederholen und damit verdichten: Die gefühlte Enge einer Koje im Traumspiel bildet sich in der Zeichnung dadurch noch einmal ab, dass man die eigentliche Figur in der engen, dunklen Öffnung kaum erkennt.

---

124 Vgl. Spreti Fv (2006) Bilderwelten in Traum und Psychose – kunsttherapeutische Aspekte. In: Wiegand MH, Spreti Fv, Förstl H (Hrsg.) Schlaf und Traum. Neurobiologie, Psychologie, Therapie. Schattauer, Stuttgart, S. 201–226; Martius P, Spreti Fv, Henningsen P (Hrsg.)(2008) Kunsttherapie bei psychosomatischen Störungen. Urban & Fischer/Elsevier: München

Fort- und Weiterbildungsangebote

Spezifische Fort- und Weiterbildungsangebote zu Psychodrama finden Sie auf der Homepage des Autors www.psysta.de und auf den Homepages des Moreno-Instituts Edenkoben/Überlingen www.moreno-psychodrama.de und des Moreno Instituts Stuttgart www.morenoinstitut.de bzw. auf der Homepage des deutschen Psychodrama-Fachverbandes www.psychodrama-deutschland.de. Auf dieser Seite des Fachverbandes sind weitere Angebote aller anderen derzeit DFP-anerkannten Weiterbildungsinstitute für Psychodrama gelistet. Für Österreich stehen die meisten Ausbildungsangebote auf der Homepage des österreichischen Gruppentherapie-Fachverbandes www.oeagg.at bzw. der Psychodramafachsektion www.psychodrama-austria.at. Die Angebote des ÖAGG werden in Kooperation mit der Donau-Universität Krems abgehalten und führen zum Abschluss Master of Science (MSc). An der Universität Innsbruck wird ebenfalls ein Fachspezifikum Psychodrama angeboten www.uibk.ac.at (ohne MSc-Abschluss). Für die deutschsprachige Schweiz stehen die Angebote auf der Homepage der Psychodrama Helvetica www.pdh.ch oder auf der Homepage des Weiterbildungsinstitutes www.ipda.ch

Bildnachweis

Abb. 1: aus Scherr (2013) in: Wieser und Stadler, S. 101; rechts: aus Scherr (2013) in Wieser und Stadler, S. 102; courtesy of Zerka T. Moreno and Jonathan D. Moreno
Abb. 2: http://www.blatner.com/adam/pdirec/hist/morenos.html; courtesy of Zerka T. Moreno and Jonathan D. Moreno
Abb. 4: Sigmund Freud/Foto 1927, © akg-images
Abb. 5: Carl Gustav Jung, © akg-images/Mondadori Portfolio
Abb. 13: http://vsbv.blogspot.de/2014/03/alte-marchenbilder-in-der-schule.html
Abb. 14: http://vsbv.blogspot.de/2014/03/alte-marchenbilder-in-der-schule.html

Literatur

Adam KU (2006) Therapeutisches Arbeiten mit Träumen. Springer, Heidelberg
Aichinger A, Holl W (2010) Psychodrama – Gruppentherapie mit Kindern. Band 1. Springer VS, Wiesbaden
Aichinger A, Holl W (2011) Resilienzförderung mit Kindern. Kinderpsychodrama. Band 2. Springer VS, Wiesbaden
Aichinger A, Holl W (2013) Einzel- und Familientherapie mit Kindern: Kinderpsychodrama. Band 3. Springer VS, Wiesbaden
Baumann B, Stadler C (2012) Psychodrama in der zweiten und dritten Dimension. Die Wandbühne im psychodramatischen Coaching. Zeitschrift für Psychodrama und Soziometrie 11(2), 227–238, DOI: 10.1007/s11620-012-0156-7
Beland H (2006) Vorwort. In: Freud S (2006) Schriften über Träume und Traumdeutungen. Fischer, Frankfurt a. M.
Bender W, Stadler C (2012) Psychodramatherapie. Grundlagen, Methodik, Anwendungsgebiete. Schattauer, Stuttgart
Blatner (2013) http://www.blatner.com/adam/pdirec/hist/morenos.htm
Buer F (2007) Beratung, Supervision, Coaching und das Psychodrama. Zeitschrift für Psychodrama und Soziometrie 6 (2), 151–170 DOI 10.1007/s11620-007-0018-x
Cicero (1828) De Divinatione. Stuttgart
Deserno H (Hrsg.) (1999) Das Jahrhundert der Traumdeutung. Klett Cotta, Stuttgart
Drewermann E (2011) Vom Weg der Liebe – Aschenputtel, Schneewittchen und Marienkind tiefenpsychologisch gedeutet. Patmos Verlag, Ostfildern
Erikson EH (1954) Das Traummuster der Psychoanalyse. In: Deserno H (1999) Das Jahrhundert der Traumdeutung (S. 72–112). Klett Cotta, Stuttgart
Ermann M (2014) Träume und Träumen. 2. Aufl. Kohlhammer, Stuttgart
Fangauf U, Hutter C (Hrsg.) (2010) Begegnung, Tele, Beziehung. Zeitschrift für Psychodrama und Soziometrie 9 (2)
Fox J (1996) Renaissance einer alten Tradition – Playback-Theater. InScenario Verlag, München
Franzke E (1991) Märchen und Märchenspiel in der Psychotherapie. Der kreative Umgang mit alten und neuen Geschichten. Huber, Bern
Freud S (1969) Vorlesungen zur Einführung in die Psychoanalyse. Studienausgabe, 1.c, Bd. I, Fischer, Frankfurt a. M.

Literatur

Freud S (1982) Studienausgabe Band II. Die Traumdeutung. Fischer, Frankfurt a. M.

Freud S (2006) Schriften über Träume und Traumdeutungen. Fischer, Frankfurt a. M.

Fürst J (2013) Der Stoff, aus dem die Träume sind – Der Traum im Psychodrama und in der Neurowissenschaft. Zeitschrift für Psychodrama und Soziometrie 12(1), 47–58, DOI: 10.1007/s11620-012-0181-6

Fürst J, Ottomeyer K, Pruckner H (2004) Psychodramatherapie. Facultas, Salzburg

Grimm J, Grimm W, Die schönsten Kinder und Hausmärchen. Hille und Partner, http://gutenberg.spiegel.de/buch/6248/40; Abruf: 10.06.2014

Grimm J, Grimm W, Die schönsten Kinder und Hausmärchen. Hille und Partner, http://gutenberg.spiegel.de/buch/6248/38; Abruf 11.06.2014

Grimm J, Grimm W, Die schönsten Kinder und Hausmärchen. Hille und Partner, http://gutenberg.spiegel.de/buch/6248/53; Abruf 11.06.2014

Hau S (2012) Klinische und Extra-klinische Traumforschung. Klinische und Extraklinische Traumforschung. http://www.psychoanalyse-aktuell.de/Detail.322+M53b805325a9.0.html, Abruf: 2014_02-22

Hobson A (2002) Dreaming. An Introduction to the Science of Sleep. Oxford University Press, Oxford

Holmes P (1992) The inner world outside. Object relations theory and psychodrama. Routledge, London

Hüther G (2004) Die Macht der inneren Bilder. Wie Visionen das Gehirn, den Menschen und die Welt verändern. Vandenhoeck & Ruprecht, Göttingen

Hutter C, Schwehm H. (2009) J. L. Morenos Werk in Schlüsselbegriffen. VS Verlag, Wiesbaden

Jung CG (1972) Brief an nicht genannte Adressatin vom 25.11.1932. In: Ders.: Briefe (S. 145 f.). I. Walter Verlag, Olten

Jung CG (1985) Über psychische Energetik und das Wesen der Träume. Walter, Olten

Jung CG (2013) Allgemeine Gesichtspunkte zur Psychologie des Traumes. In: Ders.: Traum und Traumdeutung (S. 89–132). dtv, München

Kast V (2012) Träume. Die geheimnisvolle Sprache des Unbewussten. Patmos Verlag, Ostfildern

Kast V (2012a) Das Mädchen im Sternenkleid – und andere Befreiungsgeschichten im Märchen. Patmos Verlag, Ostfildern

Kemper W (1983) Der Traum und seine Be-Deutung. Fischer, Frankfurt a. M.

Kern S, Spitzer-Prochazka S (Hrsg.) (2013) Das Drama der Abhängigkeit. Eine Begegnung in 16 Szenen. Springer VS, Wiesbaden

Kriz J (2011) »Humanistische Psychotherapie« als Verfahren. Ein Plädoyer für die Übernahme eines einheitlichen Begriffs. Psychotherapeutenjournal 10 (4), 332–338

Krüger RT (1978) Die Mechanismen der Traumarbeit und ihre Beziehung zu den heilenden Vorgängen im Psychodrama. Gruppenpsychotherapie und Gruppendynamik 13, 172–208

Literatur

Krüger RT (2002) Wie wirkt Psychodrama? Der kreative Prozess als übergeordnetes theoretisches Konzept des Psychodramas. Zeitschrift für Psychodrama und Soziometrie 1 (2), 273–317

Krüger RT (2005) Szenenaufbau und Aufstellungsarbeit, Praxis und Theorie, Variationen und Indikationen im Gruppensetting und in der Einzelarbeit. Zeitschrift für Psychodrama und Soziometrie 4 (2), 249–274

Krüger RT (2013a) Wo das Wünschen noch geholfen hat. Die Arbeit mit dem Bewältigungsmärchen. Zeitschrift für Psychodrama und Soziometrie 12(1), 103–112, DOI: 10.1007/s11620-012-0184-3

Krüger RT (2013b) Die therapeutischen Funktionen und Indikationen des Doppelns. Zeitschrift für Psychodrama und Soziometrie 12(2), 217–231, DOI: 10.1007/s11620-013-0196-7

Leuschner W (2008) Traum. In: Mertens W, Waldvogel B (Hrsg.) Handbuch psychoanalytischer Grundbegriffe. Kohlhammer, Stuttgart. 3. Aufl.

Leutz GA (1986a) Psychodrama. Springer, Heidelberg

Leutz GA (1986b) Psychodramatische Traumbehandlung. Praxis der Psychotherapie und Psychosomatik 31, 35–44

Martius P, Spreti Fv, Henningsen P (Hrsg.)(2008) Kunsttherapie bei psychosomatischen Störungen. Urban & Fischer/Elsevier, München

Mertens W (2003) Traum und Traumdeutung. C. H. Beck, München

Moreno JL (1941) Fragmente des Psychodramas eines Traumes. In: Ders.: Psychodrama und Soziometrie (S. 265–285). Edition Humanistische Psychologie, Köln 1989

Moreno JL (1969) Psychodrama. Volume III. Beacon House, Beacon NY

Moreno JL (1993) Gruppenpsychotherapie und Psychodrama. Thieme, Heidelberg

Moreno JL (1995) Auszüge aus der Autobiografie. InScenario, Köln

Moser U (2005) Traumtheorien und Traumkultur in der psychoanalytischen Praxis. In: Ders.: Psychische Mikrowelten. Neuere Aufsätze (S. 293–339). Vandenhoeck & Ruprecht, Göttingen

Pearson J, Smail M, Watts P (2013) Dramatherapy with Myth and Fairytale. The golden Stories of Sesame. Jessica Kingsley Publishers, London

Peseschkian N (1979) Der Kaufmann und der Papagei: Orientalische Geschichten in der Positiven Psychotherapie. 33. Auflage. Fischer, Frankfurt a. M.

Posner H, Ermann M (1973) Gruppenpsychotherapie mit Märchen. Gruppenpsychotherapie und Gruppendynamik 7, 5–16

Pruckner H (2001) Das Spiel ist der Königsweg der Kinder – Psychodrama, Soziometrie und Rollenspiel mit Kindern. InScenario, Köln

Pruckner H (2012) Das Modell der drei Arbeitsbühnen. Theoretische Grundlagen und praktische Umsetzung in der psychodramatischen Einzeltherapie. Zeitschrift für Psychodrama und Soziometrie 11(2), 239–254, DOI: 10.1007/s11620-012-0148-7

Richter HE (1976) Patient Familie. Entstehung, Struktur und Therapie von Konflikten in Ehe und Familie. Rowohlt, Hamburg

Rizzolatti G, Sinigaglia C (2008) Empathie und Spiegelneurone: Die biologische Basis des Mitgefühls. Suhrkamp, Frankfurt a. M.
Sader M (1991) Realität, Semi-Realität und Surrealität im Psychodrama. In: Vorwerg M, Alberg T (Hrsg). Psychodrama (S. 44–63). Barth, Heidelberg
Sáfrán Z, Csáky-Pallavicini K (2013) Das Bewältigungsmärchen in der Gruppentherapie von Menschen mit Traumafolgestörungen – Zusammen in der Not sein. Zeitschrift für Psychodrama und Soziometrie 12(2), 269–281, DOI: 10.1007/s11620-013-0201-1
Sandner D (2013) Die Gruppe und das Unbewusste. Springer VS, Berlin
Schacht M (2003) Spontaneität und Begegnung. InScenario, München
Schacht M (2007) Spontaneity – Creativity: The psychodramatic concept of change. In: Baim C, Burmeister J, Maciel M (Eds.) Psychodrama. Advances in Theory and Practice (S. 21–40). Routledge, London
Scherr F (2013) Jakob Levy Moreno im Flüchtlingslager Mitterndorf a. d. Fischa. In: Wieser M, Stadler C (Hrsg.) Jakob Levy Moreno. Mediziner, Soziometriker und Prophet – Eine Spurensuche (S. 3–126). Springer VS, Wiesbaden
Schlippe Av, Schweitzer J (2003) Lehrbuch der systemischen Therapie und Beratung. 10. Aufl. Vandenhoeck & Ruprecht, Göttingen
Schmid B, Günter A (2012) Systemische Traumarbeit. Der schöpferische Dialog anhand von Träumen. Vandenhoeck & Ruprecht, Göttingen
Schneider JA (2010) From Freud's dream-work to Bion's work of dreaming: The changing conception of dreaming in psychoanalytic theory. International Journal of Psychoanalysis 91, 521–540
Solms M (1997) The neuropsychology of dreams. Lawrence Erlbaum, Mahwah NJ
Spreti Fv (2006) Bilderwelten in Traum und Psychose – kunsttherapeutische Aspekte. In: Wiegand MH, Spreti Fv, Förstl H (Hrsg.) Schlaf & Traum. Neurobiologie, Psychologie, Therapie (S. 201–226). Schattauer, Stuttgart
Stadler C (2009) Träume handelnd ergründen – psychodramatische Traumarbeit. Dynamische Psychiatrie. Internationale Zeitschrift für Psychotherapie, Psychoanalyse und Psychiatrie 42 (233/234), 199–221
Stadler C (Hrsg.) (2013a) Soziometrie. Messung, Darstellung, Analyse und Intervention in sozialen Beziehungen. Springer VS, Wiesbaden
Stadler C (2013b) Posttraumatische Belastungsstörung und Suchterkrankung. Doppeldiagnose, Komorbidität und Behandlungsimplikationen. In: Kern S, Spitzer-Prochazka S (Hrsg.) Das Drama der Abhängigkeit. Eine Begegnung in 16 Szenen (S. 73–90). Springer VS, Wiesbaden
Stadler C (2014) Psychodrama. Ernst Reinhardt Verlag, München
Stadler C, Kern S (2010) Psychodrama. Eine Einführung. VS, Wiesbaden
Starker S (1974) Daydreaming styles and nocturnal dreaming. Journal of abnormal psychology 83(1), 52–55
Storch M, Cantieni B, Hüther G, Tschacher W (2006) Embodiment. Die Wechselwirkung von Körper und Psyche verstehen und nutzen. Hans Huber, Bern
Thomä H, Kächele H (2006) Psychoanalytische Therapie. Grundlagen. Springer, Heidelberg
Türcke C (2011) Philosophie des Traums. C. H. Beck, München

Ullmann M, Zimmermann N (1994) Mit Träumen arbeiten. dtv, München
Wiegand MH (2006) Neurobiologie des Träumens. In: Wiegand MH, Spreti Fv, Förstl H (Hrsg.) Schlaf & Traum. Neurobiologie, Psychologie, Therapie (S. 17–35). Schattauer, Stuttgart
Wieser M, Stadler C (Hrsg.) (2013) Jakob Levy Moreno. Mediziner, Soziometriker und Prophet – Eine Spurensuche. Springer VS, Wiesbaden
Zwiebel R (2012) Der träumende Analytiker. Psyche – Zeitschrift für Psychoanalyse 66, 776–802

Stichwortverzeichnis

A

Albträume 81–82
Amplifikation 98
Antirolle 122

B

Begegnung 21
Bühne 14, 47, 50
– somato-psychisch 23
– Symbol 23
– Tisch- 75

C

Clap-Theater 76

D

Doppelgänger
– interaktionell
   mitagierender 66

E

Ego-state-Therapie 18
Einzelsetting 22, 64

F

Fluid Sculptures 77

G

Gruppe 20, 59
Gruppen
– Analyse 20
Gruppenanwärmung 104
Gruppenimagination 92
Gruppenprozess 116
Gruppentherapie 16

H

Handlung 14, 43, 93, 101
handlungsorientiert 75
Hyperkonnektivität 35

I

Intermediärobjekte 43

K

kreativer Zirkel 90
Kreativität 14

M

Märchen 96
– Bewältigungs- 124, 128
– Gruppen- 129
– -zuschreibung 100
Märchenspiel 104–105

mentalisieren 67, 75
Mentalisierung 14, 19
Monodrama 39, 123

O

Objektstufe 36, 54–55

P

Playback-Theater 75, 79
Problemaktualisierung 18
Psychodrama 11, 45
Psychotherapie
– Gruppen 12, 20
– humanistisch 11, 13

R

Rolle 33, 39, 45, 59, 73, 97
– Märchen- 99
– salutogene 84
Rollenfeedback 17, 56

S

Semi-Realität 19, 54
Sharing 99
Skulptur 87
Soziodrama 103
Soziometrie 22
Spiegelposition 43
Spiel 14, 121
Stegreiftheater 13
Stellvertreter 88
Subjektstufe 36, 53, 102
Surplus-Realität 18

systemisch 21
szenisch 42

T

Tagesrest 31, 46
Tagtraum 88–89
Telebeziehung 22, 101
Therapeutische Spirale 69
Tischbühne 102
Traum 25
– Arbeit 28
– empirische Traumforschung 29
– Fragment 84
– Hüter des Traumes 28
– kollegialer Dialog 44
– Komplex 33
– Landschaft 43
– Revérie 29
– Wächter des Schlafes 28
– Wiederholungs- 50
– Zensur 28
Traumaufstellung 62
Traumdeutung 31
Traumspiel
– psychodramatisches 59

U

Übertragung 22, 101
– Gegen- 22, 68

W

Weiterspielen 81–82, 90

Personenverzeichnis

A

Adam, Klaus-Uwe 40
Aichinger, Alfons 104
Arping, Marlies 76

B

Beland, Hermann 58
Bender, Wolfram 14, 22
Bion, Wilfred 29
Blatner, Adam 15
Buer, Ferdinand 20
Burrow, Trigant 20

C

Csáky-Pallavicini, Krisztina 126

E

Ermann, Michael 27, 96

F

Feldhendler, Daniel 76
Fox, Jonathan 76
Franzke, Erich 106, 122, 129
Freud, Sigmund 12, 21, 25, 28, 32, 34

G

Günter, Andrea 44

H

Hartmann, Ernest 35
Holl, Walter 104
Holmes, Paul 50
Hüther, Gerald 35
Hutter, Christoph 89

J

Jung, C. G. 21, 33–34

K

Kächele, Horst 27, 58
Kast, Verena 27, 39, 79
Kemper, Werner 27, 49
Klein, Melanie 29
Kriz, Jürgen 13
Krüger, Reinhard T. 15, 22, 66, 124, 127

L

Leuner, Hans Carl 89
Leutz, Grete Anna 49

M

Mertens, Wolfgang 27
Moreno, Jakob Levy 11, 19, 45, 83, 124
Moser, Ulrich 30

Personenverzeichnis

P

Peseschkian, Nossrat   97
Prochaska und diClemente   90
Pruckner, Hildegard   47

R

Richter, Horst Eberhard   21
Rizzolatti, Giacomo   21
Roine, Eva   87
Rojas-Bermúdez, Jaime G.   87

S

Sader, Manfred   19
Sáfrán, Zsófia   126
Salas, Jo   76
Schacht, Michael   89
Schlippe, Arist von   21
Schmid, Bernd   44

Schneider, John A.   79
Schwehm, Helmut   89
Solms, Mark   26

T

Thomä, Helmut   27, 58
Türcke, Christoph   25

V

Verhofstadt-Denève, Leni   86

W

Wiegand, Michael H.   26

Z

Zwiebel, Ralf   30

Michael Ermann

Träume und Träumen

2., überarb. Auflage 2014
108 Seiten mit 12 Abb. und
5 Tab. Kart.
€ 19,90
ISBN 978-3-17-023266-2

Lindauer Beiträge
zur Psychotherapie
und Psychosomatik

Als vor über 100 Jahren Sigmund Freuds Buch „Traumdeutung" erschien, entstand die moderne Traumkunde. Erstmals in der Kulturgeschichte wurde der Traum als individuelle Gestaltung aus dem Seelenleben begriffen. Er wurde zum Weg, auf dem das Unbewusste ergründet werden konnte. Traumdeutung wurde fortan zum Kernstück der psychoanalytisch begründeten Psychotherapie. Ursprünglich auf rein psychologischen Erkenntnissen aufgebaut, entwickelte sie sich, angestoßen durch die Schlafforschung, zu einer umfassenden Traumwissenschaft weiter, in der psychologische und neurowissenschaftliche Ansätze zusammentreffen. Der Autor zeichnet diese Entwicklung nach. Dabei berücksichtigt er verschiedene tiefenpsychologische Richtungen und verweist auf Befunde neurowissenschaftlicher Traumforschung. Abschließend erläutert er die Besonderheiten des therapeutischen Umgangs mit niederstrukturierten Träumen, die bei schweren Persönlichkeitsstörungen und im Zustand tiefer Regression auftreten.

Leseproben und weitere Informationen unter www.kohlhammer.de

Léon Wurmser

Scham und der böse Blick

Verstehen der negativen
therapeutischen Reaktion

2. Auflage 2014
214 Seiten. Kart.
€ 26,90
ISBN 978-3-17-023281-5

Lindauer Beiträge
zur Psychotherapie
und Psychosomatik

In diesem Buch geht es nicht nur um die vordringlich nach außen gerichtete Scham, sondern vielmehr um deren Innerlichkeit. Der Autor beleuchtet, wie sich solche inneren Schamkonflikte in allen Beziehungen widerspiegeln. Dabei legt er den Schwerpunkt auf folgende Themen: die „negative therapeutische Reaktion", das „Böse Auge", die Dynamik von Neid und Eifersucht und deren Wurzeln im Schamgefühl, die Lüge und den Verrat. In diesem Rahmen geht er auch auf einige Grundzüge der Arbeit mit schweren Neurosen und auf die sich ständig verwandelnde Identität von Analytiker und Therapeut und die damit verbundenen Konflikte ein. Auch die Ursprünge der Gewissensbildung und der Zwiespalt des „inneren Richters" und seine verschiedenen Seiten kommen zur Sprache.

Leseproben und weitere Informationen unter www.kohlhammer.de

W. Kohlhammer GmbH
70549 Stuttgart

Kohlhammer